CÉLIA PASSOS

Cursou Pedagogia na Faculdade de Ciências Humanas de Olinda – PE, com licenciaturas em Educação Especial e Orientação Educacional. Professora do Ensino Fundamental e Médio (Magistério) e coordenadora escolar de 1978 a 1990.

ZENEIDE SILVA

Cursou Pedagogia na Universidade Católica de Pernambuco, com licenciatura em Supervisão Escolar. Pós-graduada em Literatura Infantil. Mestra em Formação de Educador pela Universidade Isla, Vila de Nova Gaia, Portugal. Assessora Pedagógica, professora do Ensino Fundamental e supervisora escolar desde 1986.

VOLUME 2
EDUCAÇÃO INFANTIL

4ª edição
São Paulo
2020

MATEMÁTICA

Coleção Eu Gosto M@is
Educação Infantil – Matemática – Volume 2
© IBEP, 2020

Diretor superintendente	Jorge Yunes
Diretora editorial	Célia de Assis
Assessoria pedagógica	Mariana Colossal
Edição e revisão	RAF Editoria e Serviços
Produção editorial	Elza Mizue Hata Fujihara
Assistentes de produção gráfica	Marcelo de Paula Ribeiro
Estagiária	Verena Fiesenig
Iconografia	IBEP
Ilustração	Bruna Ishihara, Eunice – Conexão Editorial, Fábio – Imaginário Studio, João Anselmo e Izomar, José Luís Juhas/Ilustra Cartoon
Projeto gráfico e capa	Aline Benitez
Ilustração da capa	Box&dea
Diagramação	Nany Produções Gráficas

4ª edição – São Paulo – 2020
Todos os direitos reservados

Rua Gomes de Carvalho, 1306 – 11º andar – Vila Olímpia
São Paulo-SP – 04547-005 – Brasil – Tel.: (11) 2799-7799
www.ibep-nacional.com.br

CIP-BRASIL. CATALOGAÇÃO NA PUBLICAÇÃO
SINDICATO NACIONAL DOS EDITORES DE LIVROS, RJ

P32e
4. ed.
v. 2

Passos, Célia
 Eu gosto mais : matemática : educação infantil, volume 2 / Célia Passos, Zeneide Silva. – 4. ed. – São Paulo : IBEP, 2020.
 : il. (Eu gosto m@is ; 2)

ISBN 978-65-5696-022-7 (aluno)
ISBN 978-65-5696-023-4 (professor)

1. Matemática – Estudo e ensino (Educação infantil). 2. Livros de atividades pré-escolares. I. Silva, Zeneide. II. Título. III. Série.

20-64664   CDD: 372.21
    CDU: 373.2.016:510

Meri Gleice Rodrigues de Souza – Bibliotecária CRB-7/6439
18/05/2020   25/05/2020

Em respeito ao meio ambiente, as folhas deste livro foram produzidas com fibras obtidas de árvores de florestas plantadas, com origem certificada.

Impressão e Acabamento
Oceano Indústria Gráfica e Editora Ltda
Rua Osasco, 644 – Rod. Anhanguera, Km 33
CEP 07753-040 – Cajamar – SP
CNPJ: 67.795.906/0001-10

MENSAGEM AO ALUNO

QUERIDO ALUNO, QUERIDA ALUNA,

QUE MARAVILHA SABER QUE VAMOS TRABALHAR JUNTOS DURANTE TODO ESTE ANO!

A COLEÇÃO **EU GOSTO M@IS** FOI FEITA PARA CRIANÇAS COMO VOCÊ.

ESCREVEMOS ESTE LIVRO COM MUITO CARINHO E ESPERAMOS QUE VOCÊ DESCUBRA E CONHEÇA AINDA MAIS O AMBIENTE EM QUE VIVE.

CUIDE MUITO BEM DO SEU LIVRO. ELE SERÁ SEU COMPANHEIRO NO DIA A DIA.

UM GRANDE ABRAÇO,

AS AUTORAS

SUMÁRIO

CONTEÚDOS	LIÇÕES
Noções: pequeno/médio/grande	1, 2, 7
Noções: igual/diferente	3, 4
Noções: muito/pouco/alguns/nenhum	5, 6, 7
Noções: dentro/fora	8
Noções: alto/baixo	9
Noções: comprido/curto	10
Noções: largo/estreito	11
Noções: grosso/fino	12
Noções: maior/menor	13, 14
Noções: embaixo/em cima/entre	15, 16
Noções: perto/longe	17
Noções: direita/esquerda	18
Noção: para cima	19
Noções: na frente/atrás	20
Noção: mesma posição	21, 22
Noções: aberto/fechado	23
Sequências	24
Noções: cheio/vazio	25
Noções: pesado/leve	26
Noções: inteiro/metade	27, 28
Número	29
Número 1	30, 31, 32, 33, 61
Número 2	34, 35, 36, 37, 61
Número 3	38, 39, 40, 41, 61
Número 4	42, 43, 44, 61
Número 5	45, 46, 47, 62

CONTEÚDOS	LIÇÕES
Número 6	48, 49, 50, 51, 62
Número 7	52, 53, 54, 55, 62
Número 8	56, 57, 62
Número 9	58, 59, 60, 62
Número 10	63, 64, 65
Número 11	66, 67, 70
Número 12	68, 69, 70
Número 13	71, 72, 75
Número 14	73, 74, 75
Número 15	76, 77, 80
Número 16	78, 79, 80
Número 17	81, 82, 85
Número 18	83, 84, 85
Número 19	86, 87, 88, 89
Número 20	90, 91, 92, 93
Número 21	94
Número 22	95
Número 23	96
Número 24	97
Número 25	98
Número 26	99
Número 27	100
Número 28	101
Número 29	102
Número 30	103, 104
ALMANAQUE	PÁGINA 113
ADESIVOS	PÁGINA 129

LIÇÃO 1

OUÇA A HISTÓRIA DA CACHINHOS DOURADOS E OS TRÊS URSOS QUE A PROFESSORA VAI CONTAR. COLE OS ADESIVOS DA PÁGINA 129 NOS LUGARES CERTOS, DE ACORDO COM O TAMANHO DOS URSOS.

| URSO PEQUENO | URSO MÉDIO | URSO GRANDE |

LIÇÃO 2

CANTE COM OS COLEGAS. ESCREVA NOS QUADRINHOS O NÚMERO DE PIRULITOS **GRANDES**. DEPOIS, O NÚMERO DE PIRULITOS **PEQUENOS**. PINTE-OS.

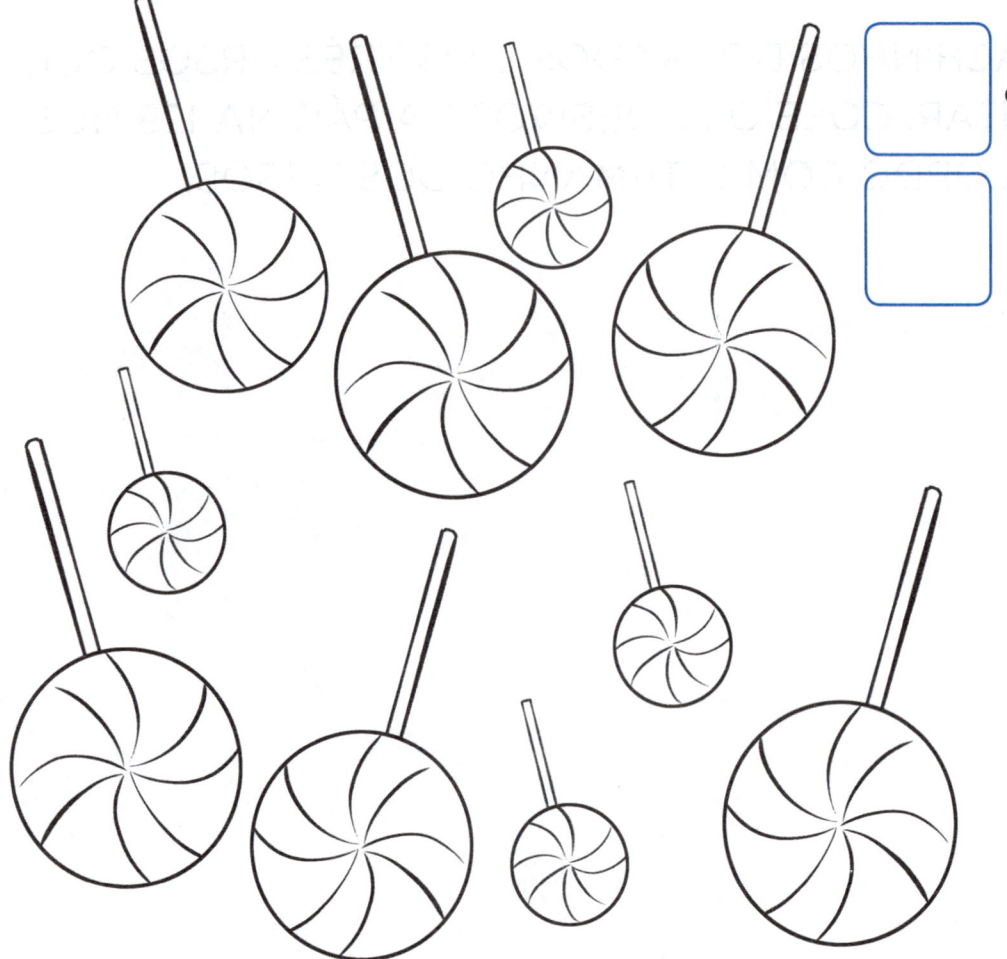

VAMOS CANTAR?

PIRULITO QUE BATE BATE

PIRULITO QUE BATE BATE
PIRULITO QUE JÁ BATEU
QUEM GOSTA DE MIM É ELA
QUEM GOSTA DELA SOU EU.

(DOMÍNIO PÚBLICO)

QUANTOS PIRULITOS **GRANDES**?

QUANTOS PIRULITOS **PEQUENOS**?

LIÇÃO 3

LIGUE AS BOLAS **IGUAIS**.
CIRCULE A BOLA **DIFERENTE**.

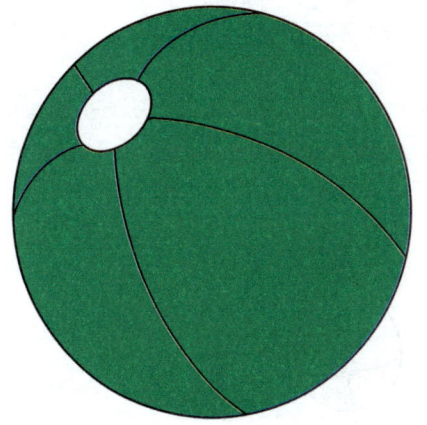
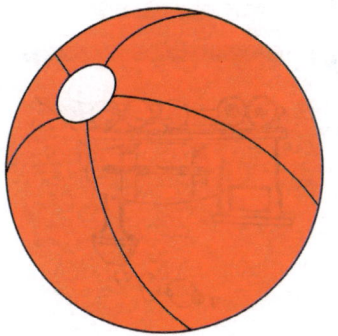
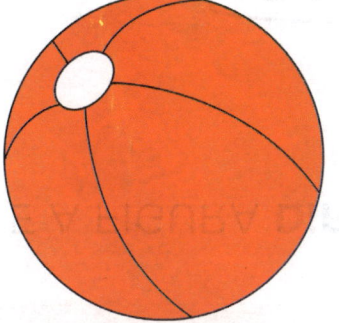

PINTE A FIGURA **DIFERENTE** EM CADA GRUPO.

Lição 4

LIÇÃO 5

CIRCULE O NINHO QUE TEM **MUITOS** PINTINHOS.
RISQUE O NINHO QUE TEM **ALGUNS** PINTINHOS.
PINTE O NINHO QUE NÃO TEM **NENHUM** PINTINHO.

LIÇÃO 6

O POTE VERMELHO TEM **MUITOS** LÁPIS.
DESENHE **POUCOS** LÁPIS NO POTE AMARELO.

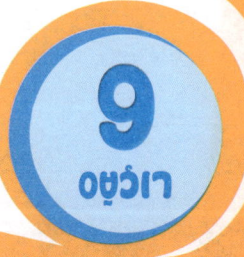

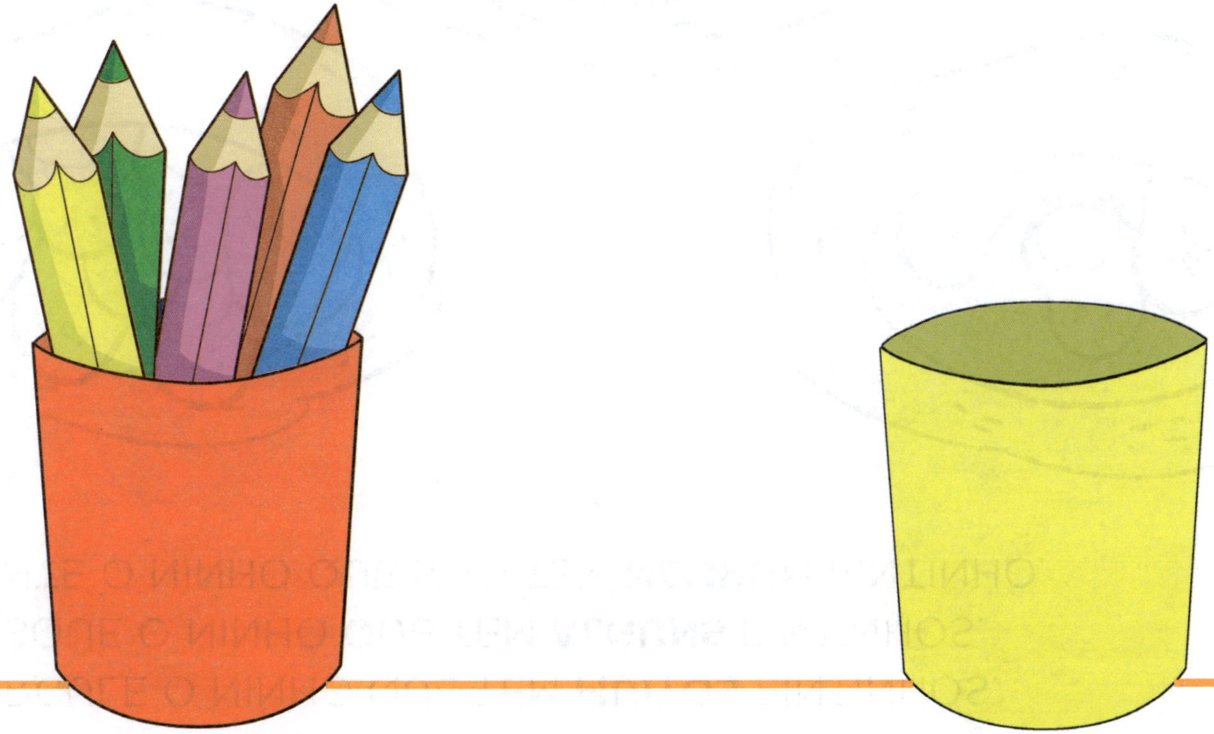

LIÇÃO 7

A TIGELA DO PAPAI URSO É **GRANDE** E TEM **MUITOS** DOCES.
A TIGELA DA MAMÃE URSA É **MENOR** E TEM **ALGUNS** DOCES
A TIGELA DO BEBÊ URSO É **PEQUENA** E NÃO TEM **NENHUM** DOCE.

PINTE DE VERMELHO A TIGELA DO PAPAI URSO.
PINTE DE AZUL A TIGELA DA MAMÃE URSA.
PINTE DE VERDE A TIGELA DO BEBÊ URSO.

LIÇÃO 8

COLE OS ADESIVOS DOS BRINQUEDOS **DENTRO** DA CAIXA.
COLE OS ADESIVOS DOS MATERIAIS ESCOLARES **FORA** DA CAIXA.
USE OS ADESIVOS DA PÁGINA 131.

LIÇÃO 9

OBSERVE AS TORRES DE CUBOS QUE RONI E DANILO MONTARAM.
PINTE DE AZUL A TORRE MAIS **ALTA**.
PINTE DE VERMELHO A TORRE MAIS **BAIXA**.

RONI

DANILO

QUAL É O NOME DO MENINO QUE MONTOU A TORRE MAIS ALTA?

LIÇÃO 10

OBSERVE AS CORDAS QUE OS MENINOS VÃO USAR PARA BRINCAR.
MARQUE UM **X** NA CORDA MAIS **COMPRIDA**.
PASSE GIZ DE CERA NA CORDA MAIS **CURTA**.

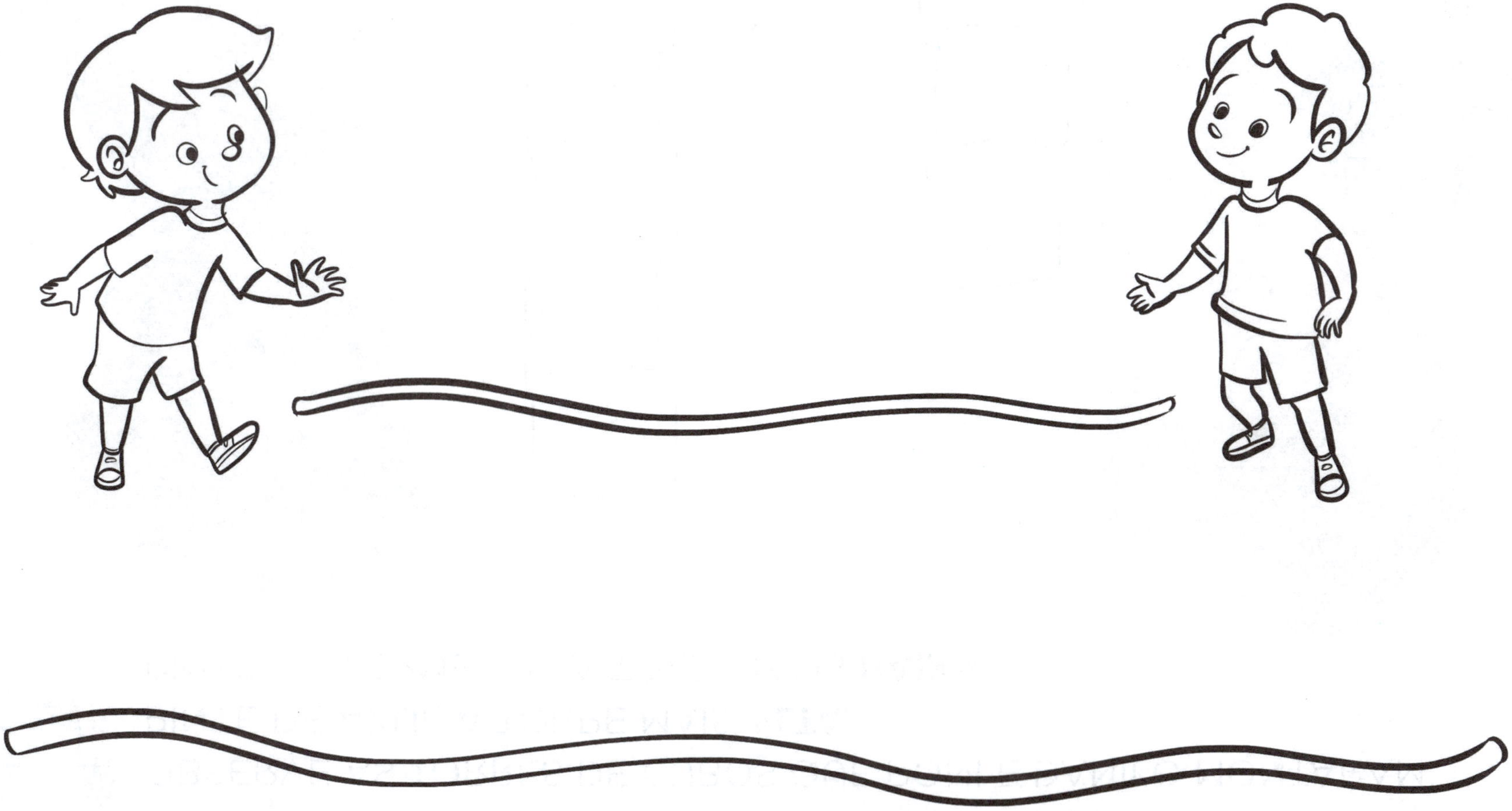

LIÇÃO 11

OBSERVE AS ESTRADAS. ELAS TÊM A MESMA LARGURA? COLE O CARRO NA ESTRADA MAIS **LARGA** E A BICICLETA NA ESTRADA MAIS **ESTREITA**. USE OS ADESIVOS DA PÁGINA 131.

LIÇÃO 12

PINTE O CANUDO MAIS **GROSSO** COM GIZ DE CERA VERDE.
PINTE O CANUDO MAIS **FINO** COM GIZ DE CERA LARANJA.

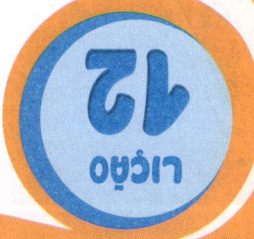

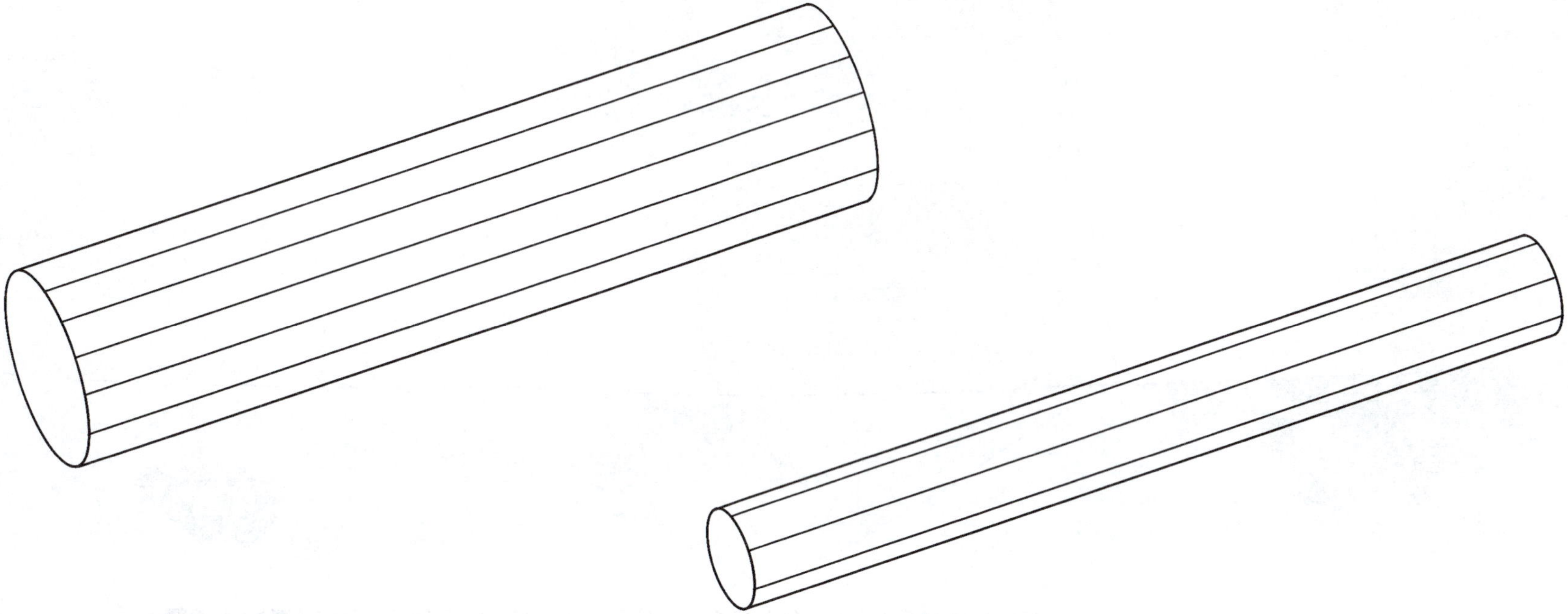

CIRCULE O LIVRO **MENOR**. PINTE O LIVRO **MAIOR**.

LIÇÃO 14

EM CADA QUADRO, MARQUE UM **X** NA FORMA GEOMÉTRICA **MAIOR**. DEPOIS, CIRCULE A FORMA GEOMÉTRICA **MENOR**.

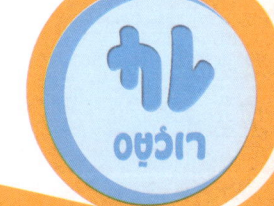

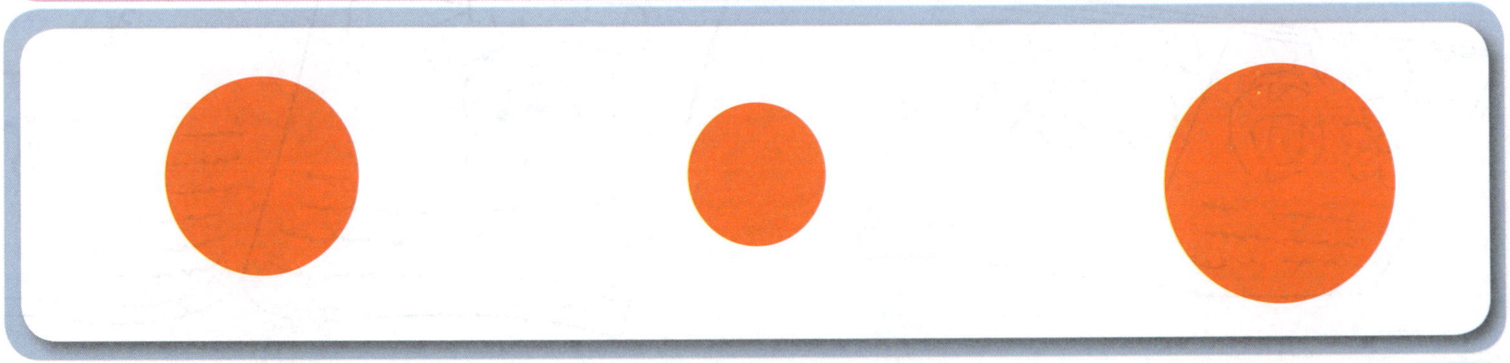

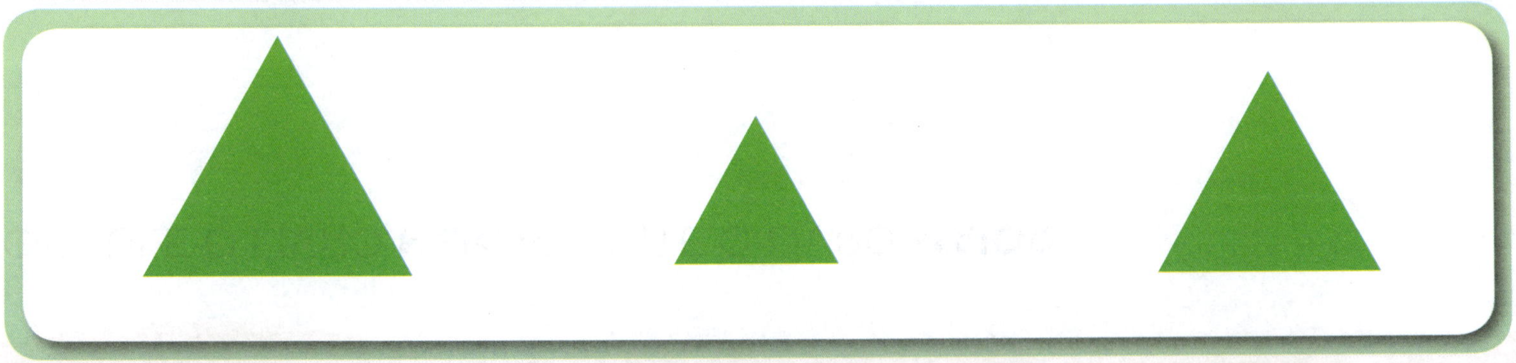

LIÇÃO 15

PINTE A MENINA QUE ESTÁ PASSANDO **EMBAIXO** DA CORDA.
MARQUE UM **X** NO MENINO QUE ESTÁ **EM CIMA** DO ESCORREGADOR.

COLE OS ADESIVOS DA PÁGINA 133 DE ACORDO COM AS ORIENTAÇÕES:

🟩 **EM CIMA** DA MESA
🟨 **EMBAIXO** DA CADEIRA
🟧 **ENTRE** A MESA E A CADEIRA

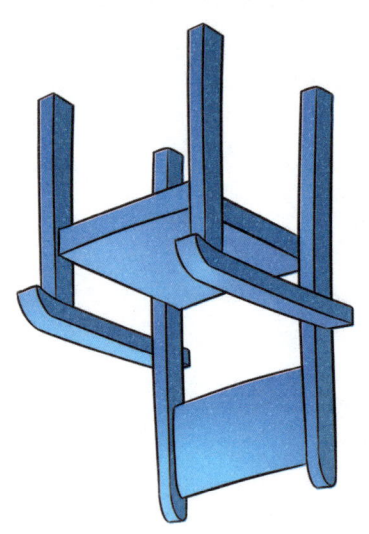

LIÇÃO 17

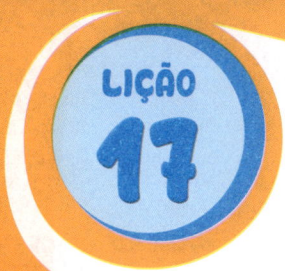

PINTE O MENINO QUE ESTÁ **PERTO** DO GOL.
MARQUE UM **X** NA MENINA QUE ESTÁ **LONGE** DO GOL.

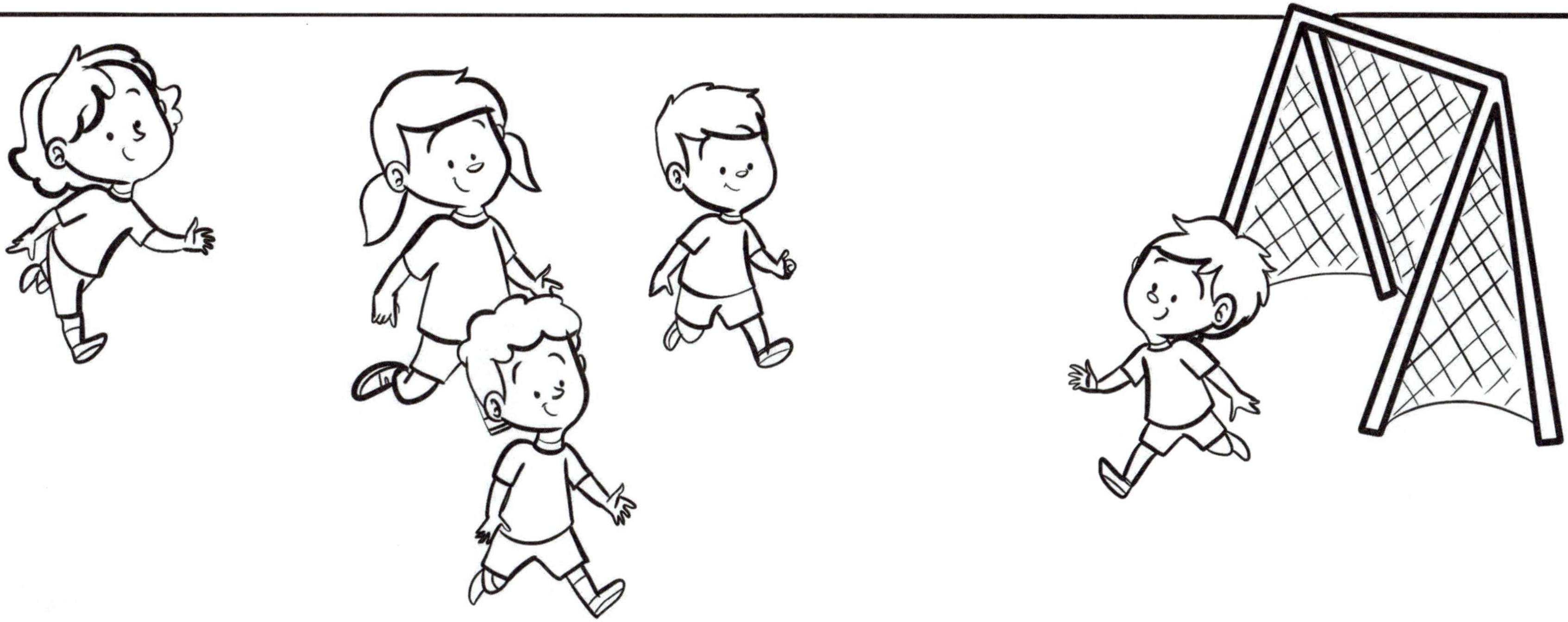

LIÇÃO 18

QUE MÃO VOCÊ USA PARA ESCREVER: A **DIREITA** OU A **ESQUERDA**? CARIMBE COM TINTA AMARELA A MÃO QUE VOCÊ USA PARA ESCREVER.

LIÇÃO 19

CIRCULE AS BAILARINAS QUE ESTÃO COM OS DOIS BRAÇOS **PARA CIMA**.

PINTE A CRIANÇA QUE ESTÁ **NA FRENTE** DO BAÚ.
RISQUE A CRIANÇA QUE ESTÁ **ATRÁS** DO BAÚ.

E A OUTRA CRIANÇA, EM QUE POSIÇÃO ELA ESTÁ EM RELAÇÃO AO BAÚ?

LIÇÃO 21

OBSERVE O MACACO DO QUADRO. CIRCULE A SOMBRA DO MACACO QUE ESTÁ **NA MESMA POSIÇÃO** DO MACACO DO QUADRO.

LIÇÃO 22

LIGUE AS CRIANÇAS QUE ESTÃO COM O BAMBOLÊ NA **MESMA POSIÇÃO**.

LIÇÃO 23

CIRCULE OS OBJETOS QUE ESTÃO **ABERTOS**.
RISQUE OS OBJETOS QUE ESTÃO **FECHADOS**.

COMPLETE AS SEQUÊNCIAS UTILIZANDO OS ADESIVOS DA PÁGINA 133.

Lição 24

OBSERVE AS CAIXAS DE BRINQUEDO. PINTE A CAIXA QUE ESTÁ **CHEIA** DE BRINQUEDOS. QUAL CAIXA ESTÁ **VAZIA**?
DESENHE UM BRINQUEDO DENTRO DA CAIXA QUE ESTÁ VAZIA.

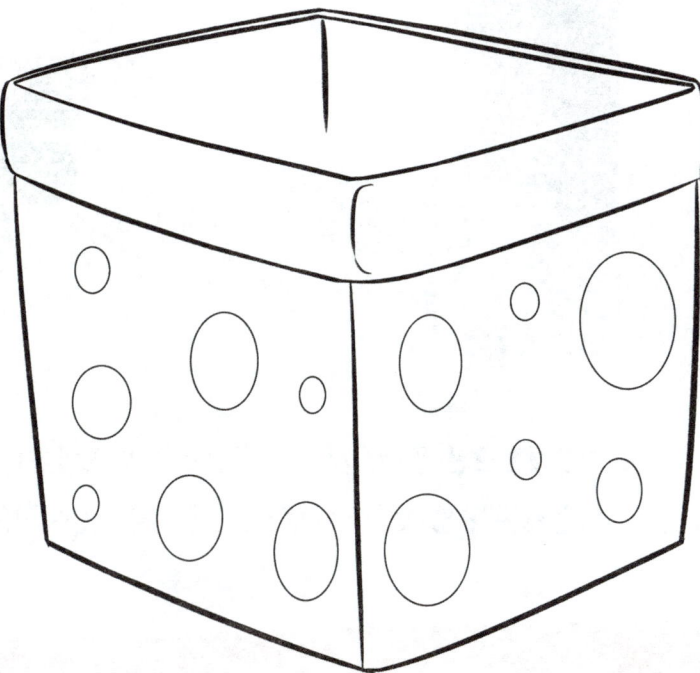

Lição 26

CIRCULE AS IMAGENS QUE REPRESENTAM COISAS MAIS LEVES.
RISQUE AS IMAGENS QUE REPRESENTAM COISAS MAIS PESADAS.

PARALAXIS/SHUTTERSTOCK

CAPRI23AUTO/PIXABAY

P MAXWELL PHOTOGRAPHY/SHUTTERSTOCK

CUSTOMDESIGNER/SHUTTERSTOCK

MARGARET MARTIN/PIXABAY

DS_30/PIXABAY

LIÇÃO 27

PINTE DE ROSA AS MOLDURAS DOS QUADROS QUE MOSTRAM FRUTAS **INTEIRAS**. PINTE DE MARROM AS MOLDURAS DOS QUADROS QUE MOSTRAM FRUTAS CORTADAS PELA **METADE**.

ENCONTRE A OUTRA METADE DE CADA GUARDA-CHUVA E PINTE DA MESMA COR.

LIÇÃO 28

LIÇÃO 29

OBSERVE AS IMAGENS ABAIXO. O QUE APARECE EM TODAS ELAS? CIRCULE.

OS NÚMEROS FAZEM PARTE DA NOSSA VIDA!

PINTE APENAS A FIGURA DOS QUADROS QUE TÊM 1 ELEMENTO.

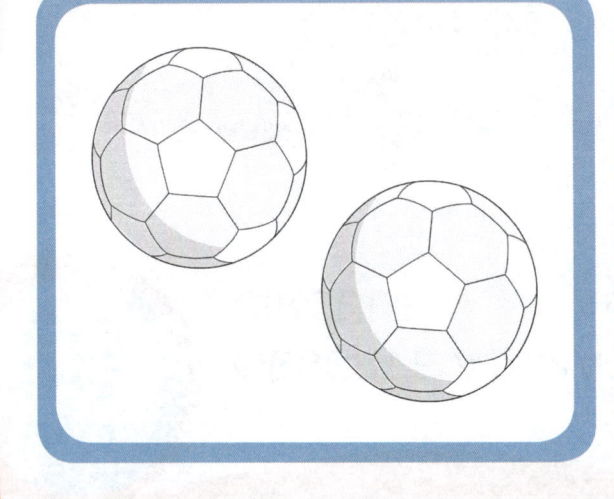

LIÇÃO 30

LIÇÃO 31

CUBRA O NÚMERO **1** PONTILHADO.
LIGUE O NÚMERO AO GRUPO QUE TEM **1** ELEMENTO.

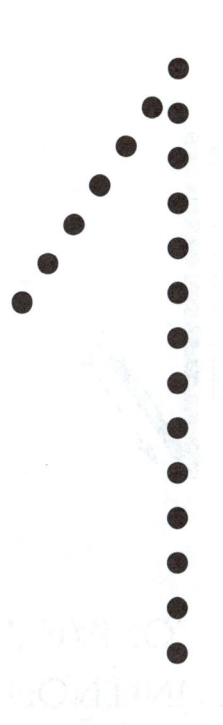

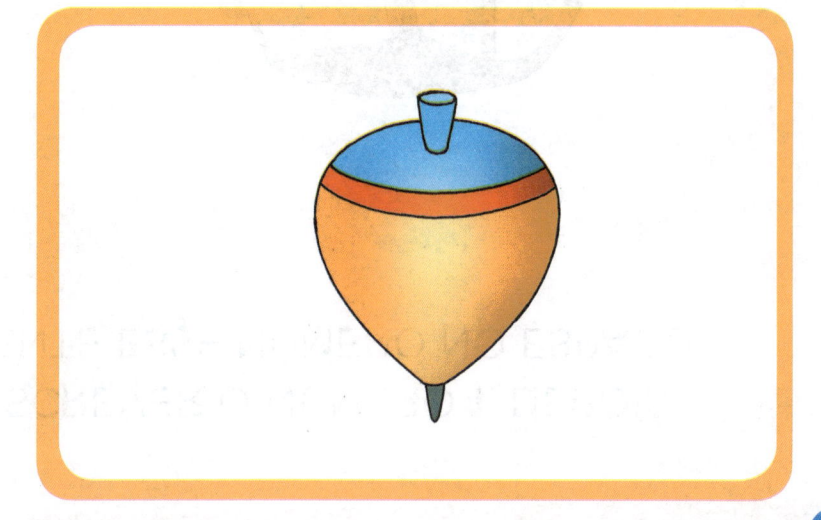

Lição 32

CUBRA OS PONTILHADOS PARA ESCREVER O NÚMERO 1. DEPOIS, CONTINUE ESCREVENDO LIVREMENTE ESSE NÚMERO NO ESPAÇO ABAIXO.

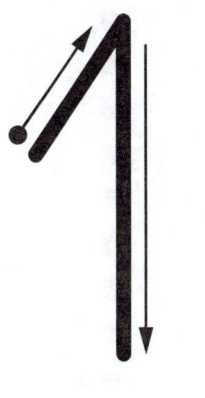

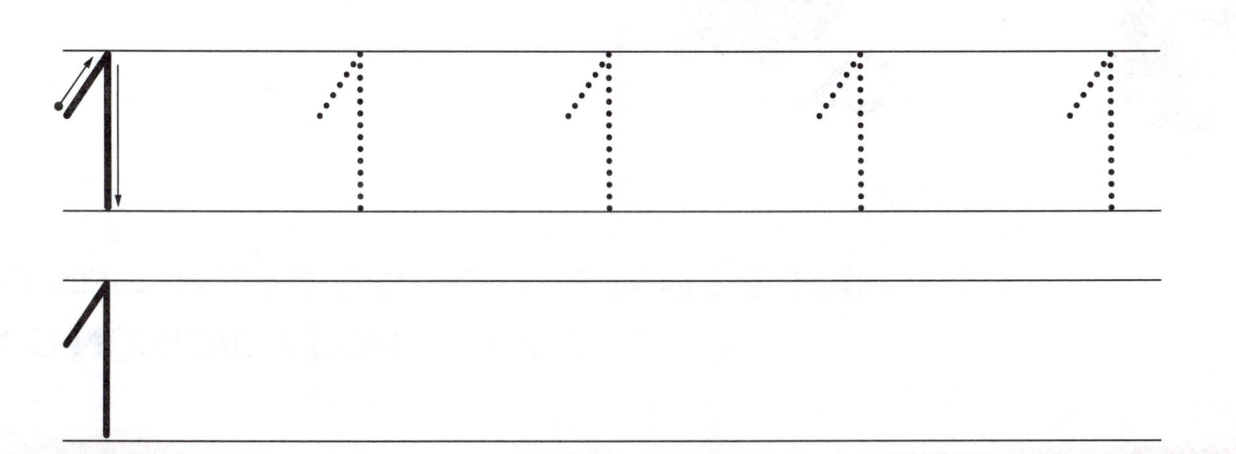

um

LIÇÃO 33

DESENHE **1** BRINQUEDO DE QUE VOCÊ GOSTA.

VOCÊ COSTUMA BRINCAR COM OS COLEGAS?
DE QUAL BRINCADEIRA VOCÊ MAIS GOSTA?

LIÇÃO 34

QUANTAS CRIANÇAS ESTÃO BRINCANDO?

REPRESENTE A QUANTIDADE DE CRIANÇAS. PINTE UM QUADRADINHO PARA CADA CRIANÇA QUE ESTÁ BRINCANDO.

☐ ☐ ☐ ☐ ☐

VOCÊ SABE O NOME DO BRINQUEDO MOSTRADO NA CENA? JÁ BRINCOU NELE? COM QUEM?

LIÇÃO 35

CUBRA O NÚMERO **2**.
COLE DOIS SAPOS NA LAGOA. USE OS ADESIVOS DA PÁGINA 135.

VAMOS CANTAR?

SAPO CURURU

SAPO CURURU,
NA BEIRA DO RIO,
QUANDO O SAPO CANTA,
Ó MANINHA,
É PORQUE TEM FRIO.

A MULHER DO SAPO
DEVE ESTAR LÁ DENTRO
FAZENDO RENDINHA,
Ó MANINHA,
PARA O CASAMENTO.

(DOMÍNIO PÚBLICO)

lição 36

CUBRA OS PONTILHADOS PARA ESCREVER O NÚMERO **2**. DEPOIS, CONTINUE ESCREVENDO LIVREMENTE ESSE NÚMERO NO ESPAÇO ABAIXO.

DOIS

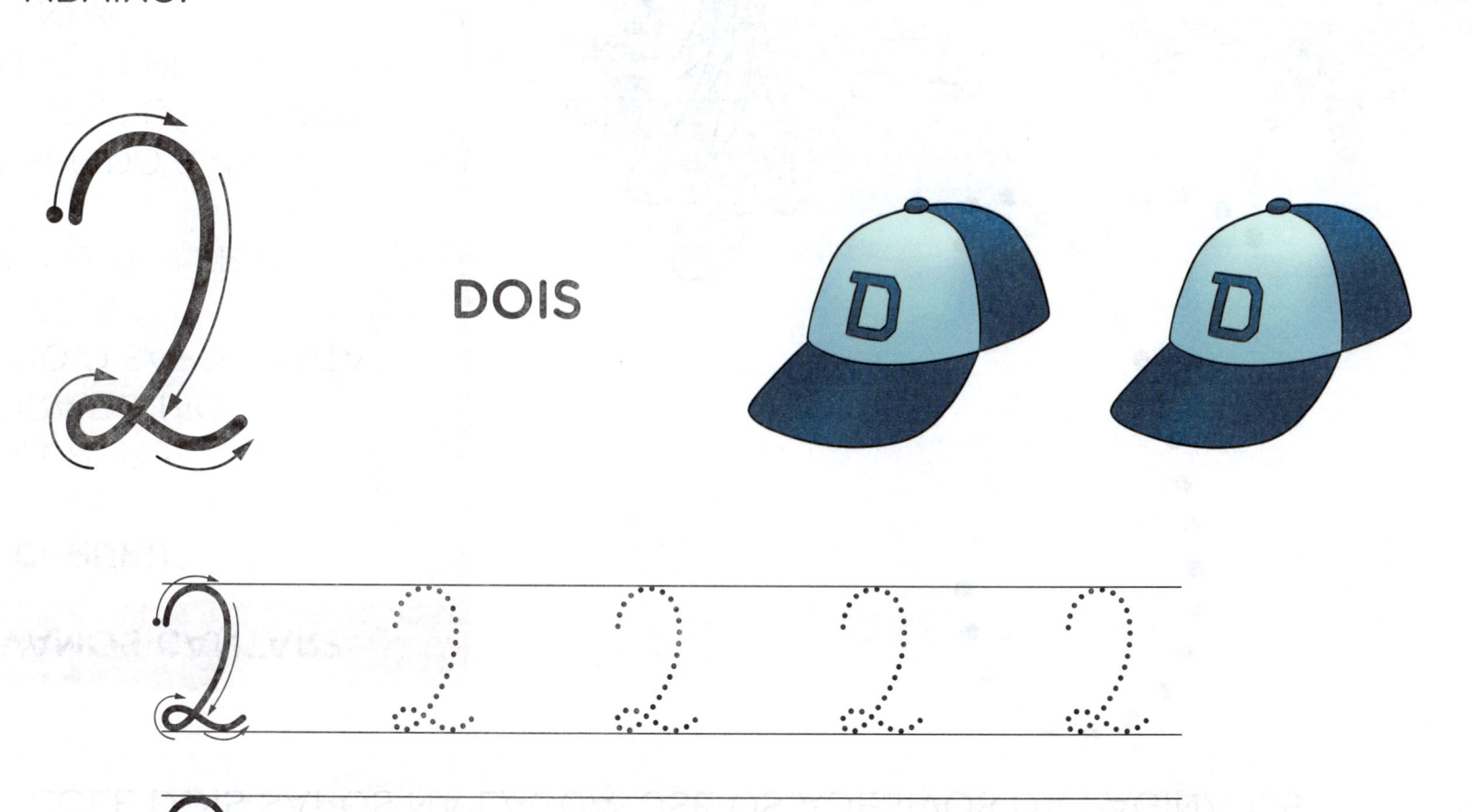

LIÇÃO 37

O GATINHO ESTÁ BRINCANDO COM **2** BOLAS. DESENHE AS BOLAS AO LADO DO GATINHO.

COM QUANTAS BOLAS O GATINHO ESTÁ BRINCANDO? ESCREVA O NÚMERO NO QUADRO.

CONTE E PINTE ONDE HÁ **2** ELEMENTOS.

LIÇÃO 38

CUBRA O NÚMERO 3.
HÁ QUANTOS BALÕES? REPRESENTE A QUANTIDADE DELES PINTANDO O NÚMERO DE QUADRADINHOS CORRESPONDENTES.

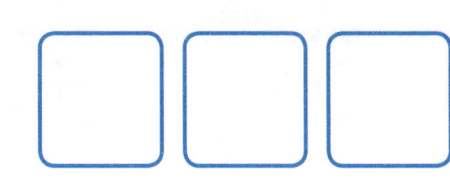

VAMOS CANTAR?

CAI, CAI, BALÃO

CAI, CAI, BALÃO,
CAI, CAI, BALÃO,
AQUI NA MINHA MÃO.
NÃO CAI NÃO,
NÃO CAI NÃO,
NÃO CAI NÃO
CAI NA RUA DO SABÃO.

(DOMÍNIO PÚBLICO)

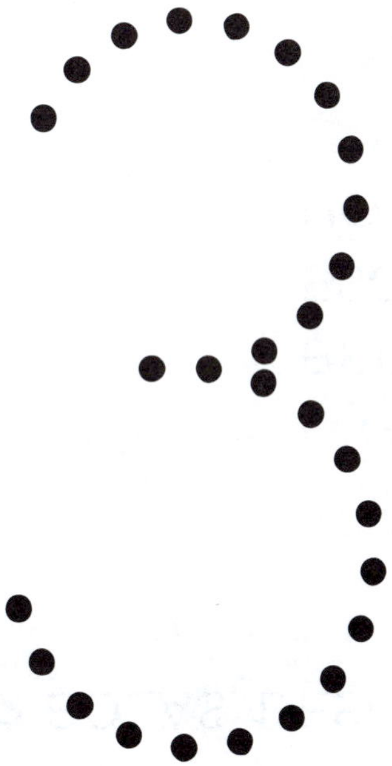

LIÇÃO 39

CUBRA OS PONTILHADOS PARA ESCREVER O NÚMERO **3**. DEPOIS, CONTINUE ESCREVENDO LIVREMENTE ESSE NÚMERO NO ESPAÇO ABAIXO.

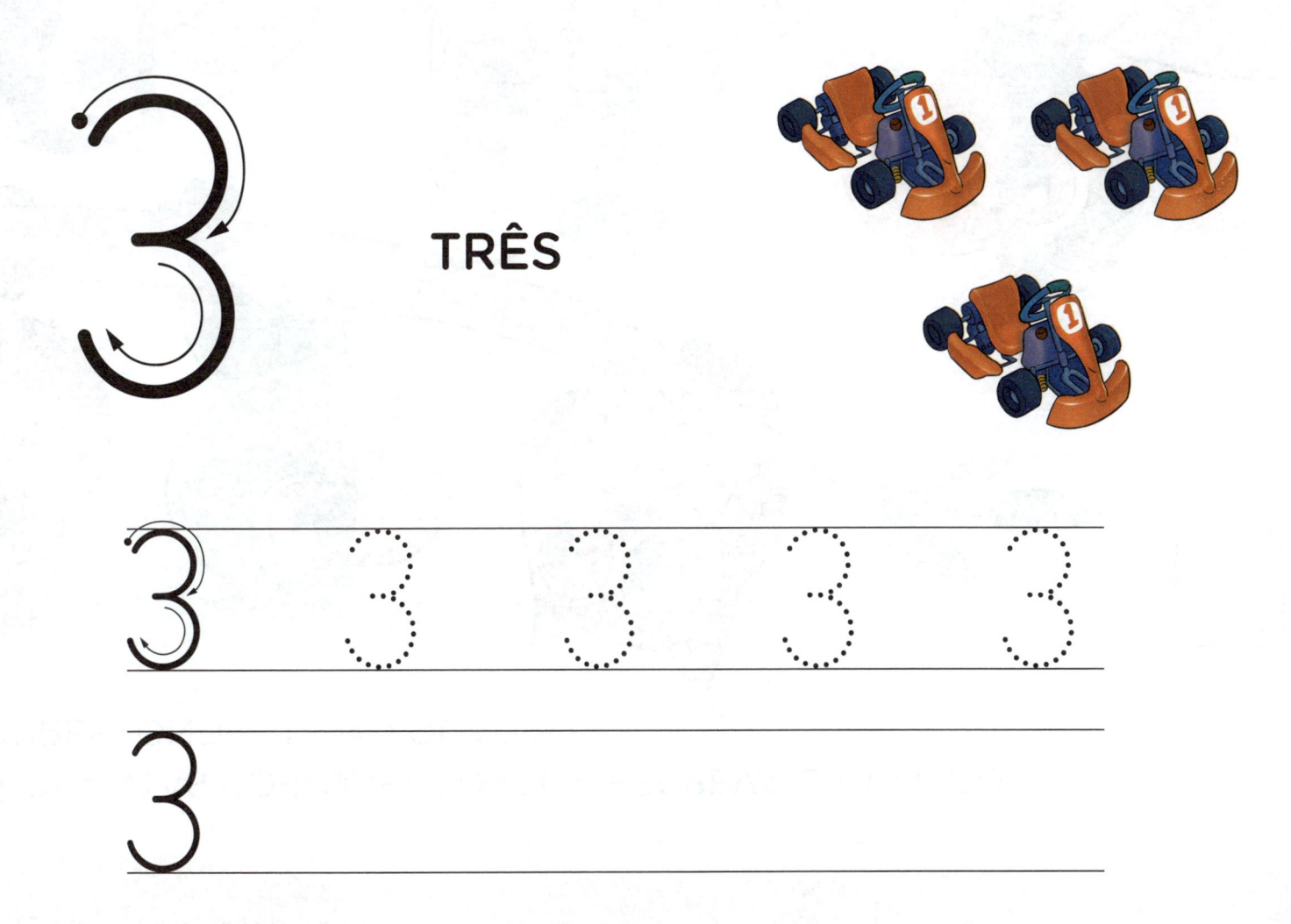

TRÊS

HÁ QUANTAS CORUJAS? CONTE E ESCREVA O NÚMERO CORRESPONDENTE NO QUADRO.

LIÇÃO 40

LIÇÃO 41

CONTE OS ANIMAIS. DEPOIS, ESCREVA O NÚMERO NO LUGAR CORRESPONDENTE.

QUANTOS

QUANTOS

QUANTOS

COMO O SAPO SE LOCOMOVE? IMITE-O.
QUE OUTRO ANIMAL SE LOCOMOVE IGUAL AO SAPO?

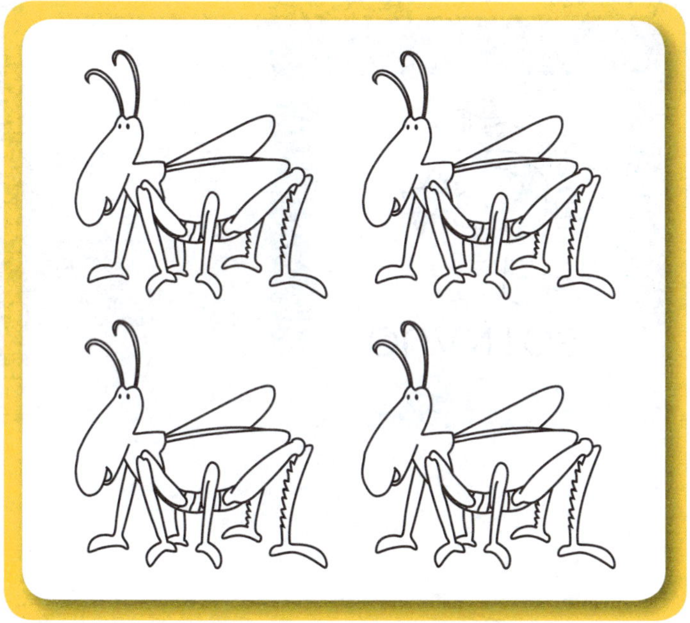

REPRESENTE A QUANTIDADE DE GRILOS PINTANDO OS CÍRCULOS.

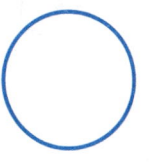

PINTE APENAS O GRUPO QUE TEM 4 ANIMAIS IGUAIS.

Lição 42

LIÇÃO 43

CUBRA O NÚMERO **4**.

EM CADA GRUPO DEVE HAVER **4** ANIMAIS. CONTE E COLE A QUANTIDADE DE ANIMAIS QUE FALTAM PARA COMPLETAR OS GRUPOS. USE OS ADESIVOS DA PÁGINA 135.

CUBRA OS PONTILHADOS PARA ESCREVER O NÚMERO 4. DEPOIS, CONTINUE ESCREVENDO LIVREMENTE ESSE NÚMERO NO ESPAÇO ABAIXO.

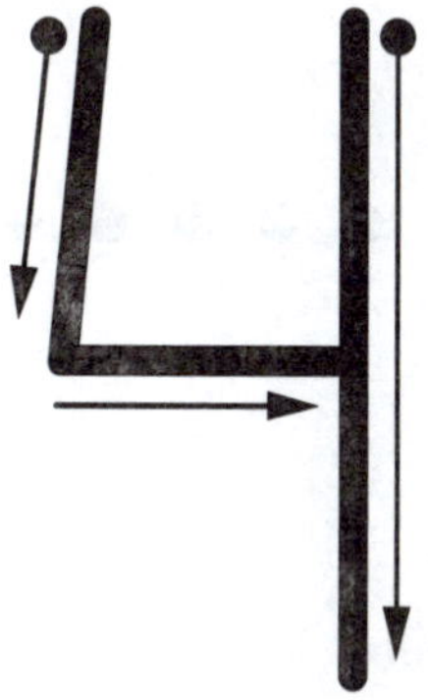

QUATRO

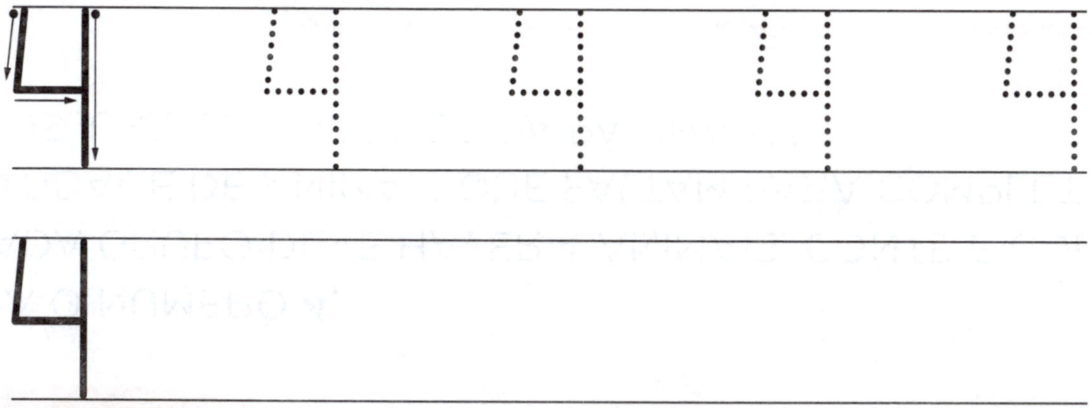

LIÇÃO 45

PINTE A MOLDURA DO PORTA-RETRATO EM QUE APARECE UM GRUPO COM **5** PESSOAS.

VOCÊ TEM MUITOS AMIGOS?
DESENHE VOCÊ E MAIS 4 AMIGOS.

CUBRA O NÚMERO 5.
EM CADA GRUPO, DEVE HAVER **5** OBJETOS. CONTE E COLE OS OBJETOS QUE FALTAM EM CADA GRUPO. USE OS ADESIVOS DA PÁGINA 135.

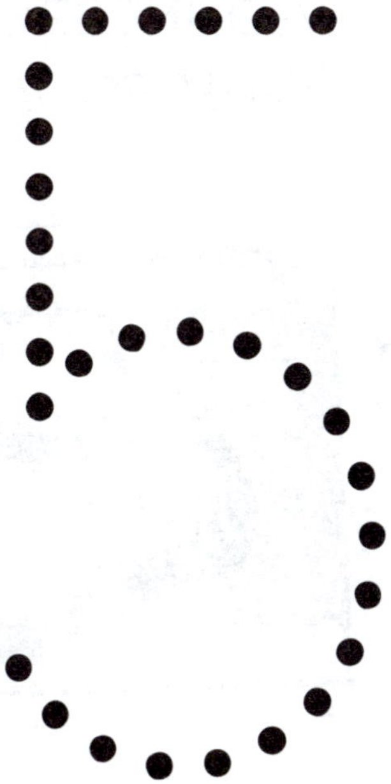

LIÇÃO 46

LIÇÃO 47

CUBRA OS PONTILHADOS PARA ESCREVER O NÚMERO **5**. DEPOIS, CONTINUE ESCREVENDO LIVREMENTE ESSE NÚMERO NO ESPAÇO ABAIXO.

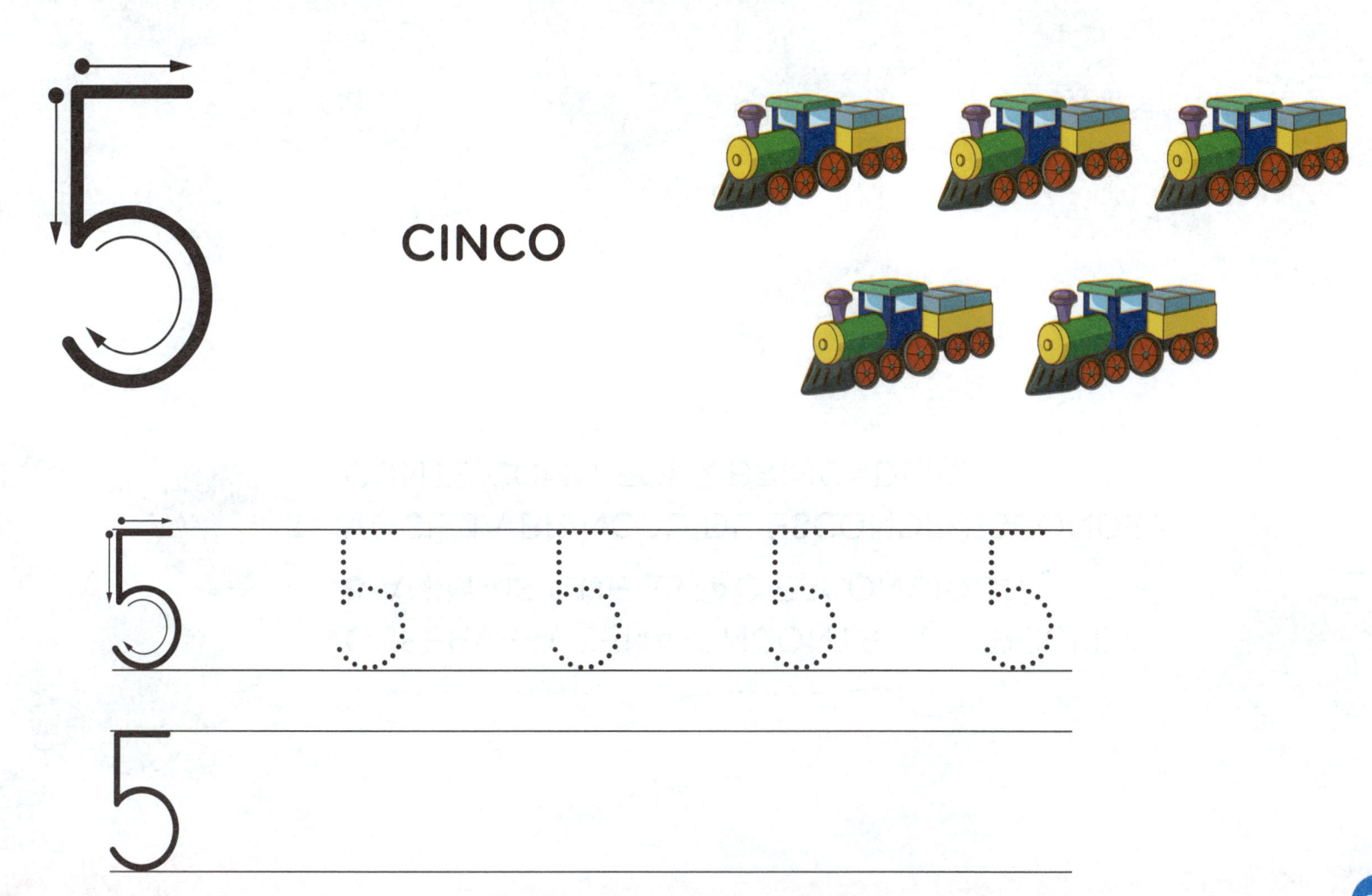

CINCO

OBSERVE A CENA. ENCONTRE E CIRCULE
6 ANIMAIS QUE ESTÃO ESCONDIDOS.
VOCÊ JÁ BRINCOU DE ESCONDE-ESCONDE?
CONTE COMO FOI A BRINCADEIRA.

LIÇÃO 49

CUBRA O NÚMERO **6**.

VEJA A BONECA LILI. CONTE QUANTAS LETRAS TEM A PALAVRA **BONECA** E ESCREVA NO QUADRO.

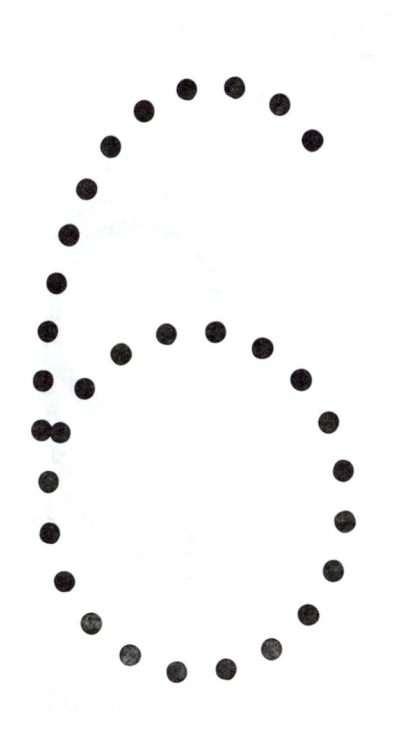

BONECA

CUBRA OS PONTILHADOS PARA ESCREVER O NÚMERO **6**. DEPOIS, CONTINUE ESCREVENDO LIVREMENTE ESSE NÚMERO NO ESPAÇO ABAIXO.

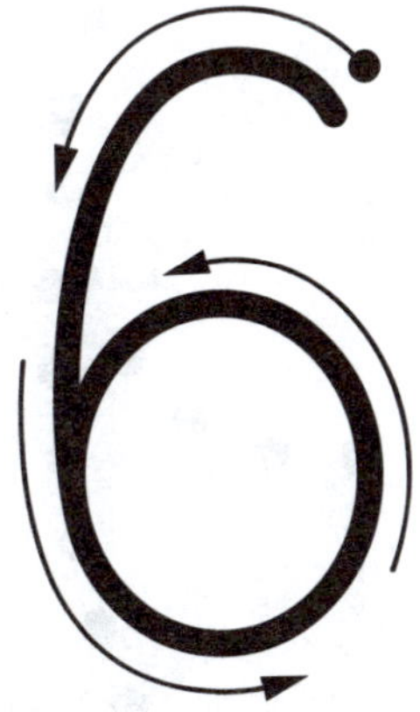

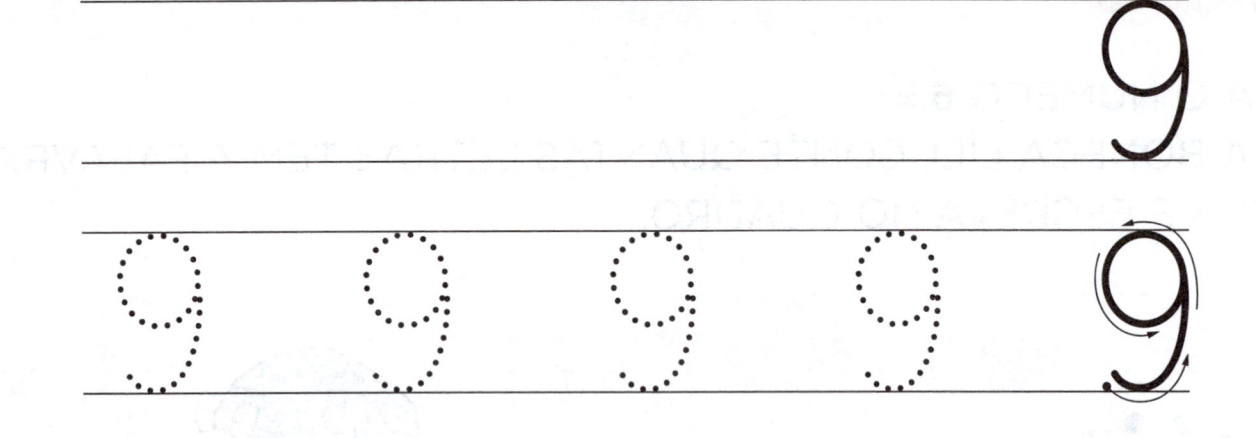

SEIS

LIÇÃO 51

DESENHE OS OBJETOS QUE FALTAM PARA QUE CADA QUADRO FIQUE COM O NÚMERO DE OBJETOS INDICADO NAS ETIQUETAS.

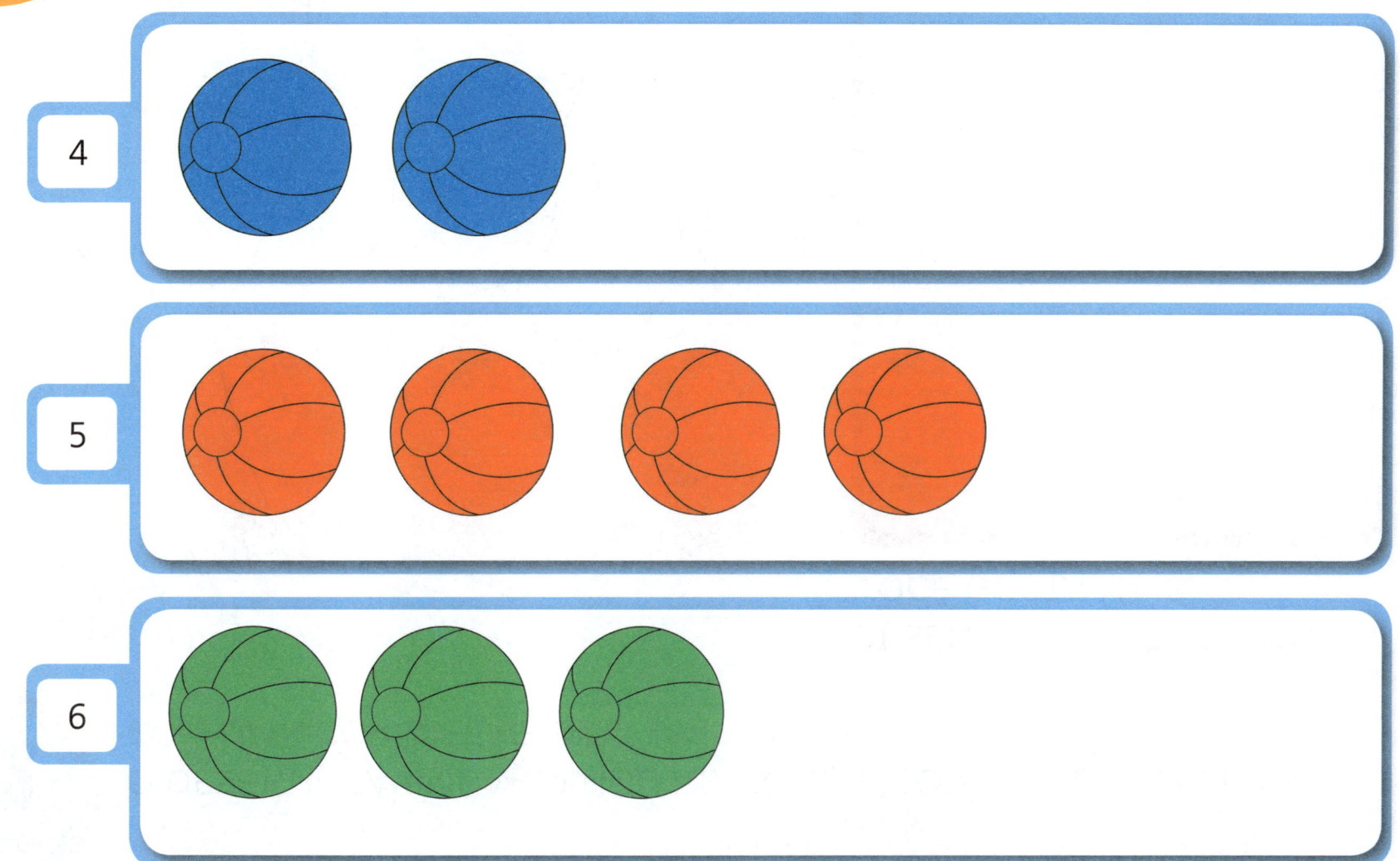

lição 52

O DESENHISTA EMBARALHOU AS FRUTAS. CONTORNE CADA FRUTA COM UMA COR DIFERENTE.

DESENHE A FRUTA DE QUE VOCÊ GOSTA MAIS.

LIÇÃO 53

CUBRA O NÚMERO **7**.
OUÇA A LEITURA DA PARLENDA QUE A PROFESSORA VAI FAZER.

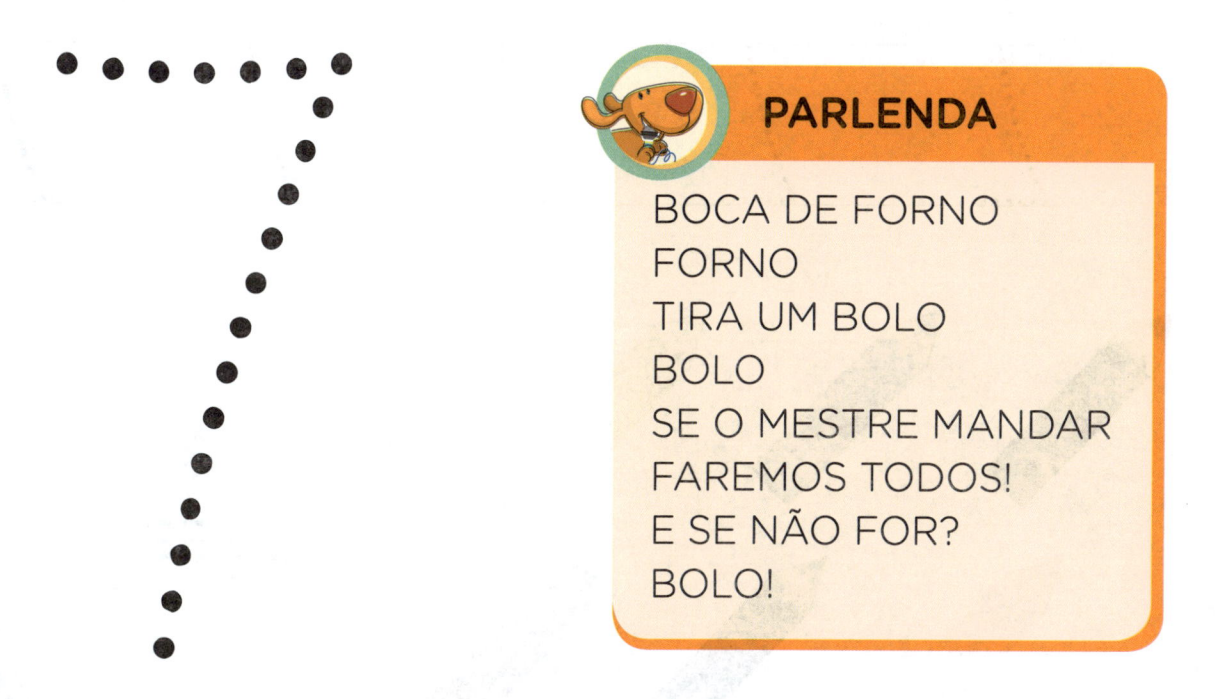

PARLENDA

BOCA DE FORNO
FORNO
TIRA UM BOLO
BOLO
SE O MESTRE MANDAR
FAREMOS TODOS!
E SE NÃO FOR?
BOLO!

HÁ QUANTOS BOLINHOS? REGISTRE A QUANTIDADE ESCREVENDO NO QUADRO.

Lição 54

CUBRA OS PONTILHADOS PARA ESCREVER O NÚMERO 7. DEPOIS, CONTINUE ESCREVENDO LIVREMENTE ESSE NÚMERO NO ESPAÇO ABAIXO.

SETE

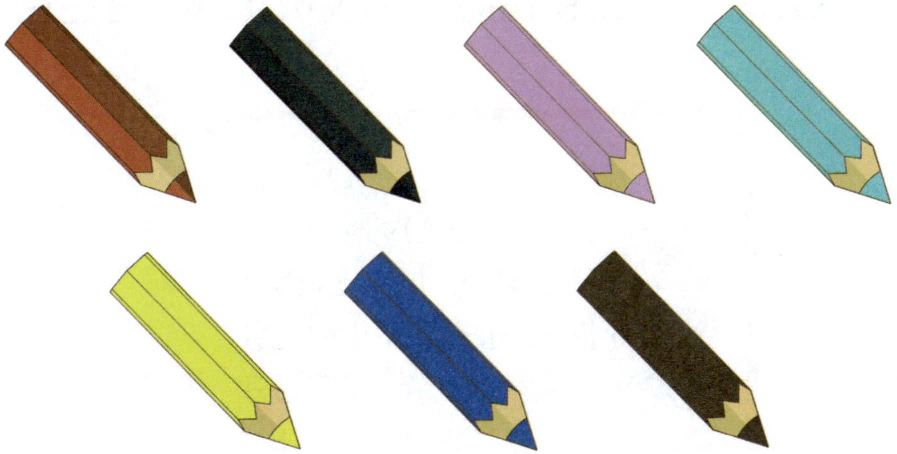

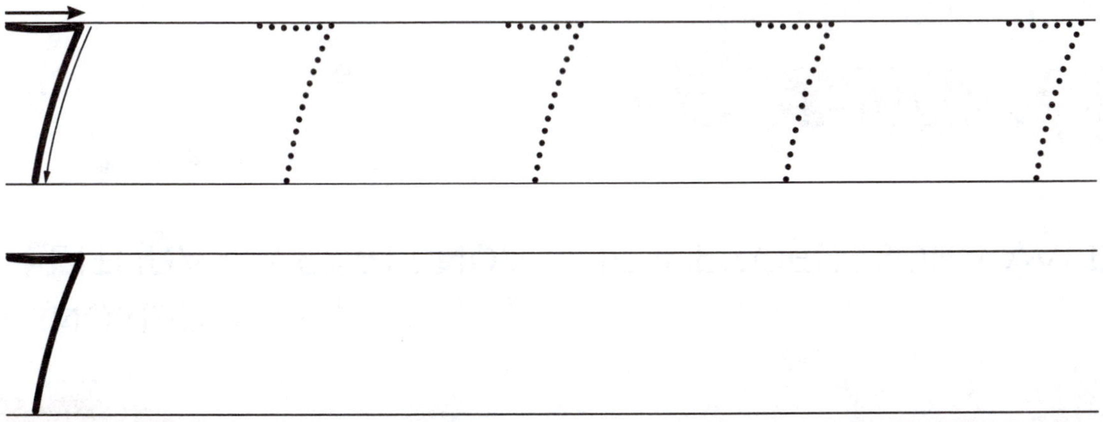

LIÇÃO 55

CONTE QUANTOS ELEMENTOS HÁ EM CADA QUADRO E ESCREVA O NÚMERO CORRESPONDENTE NA ETIQUETA.

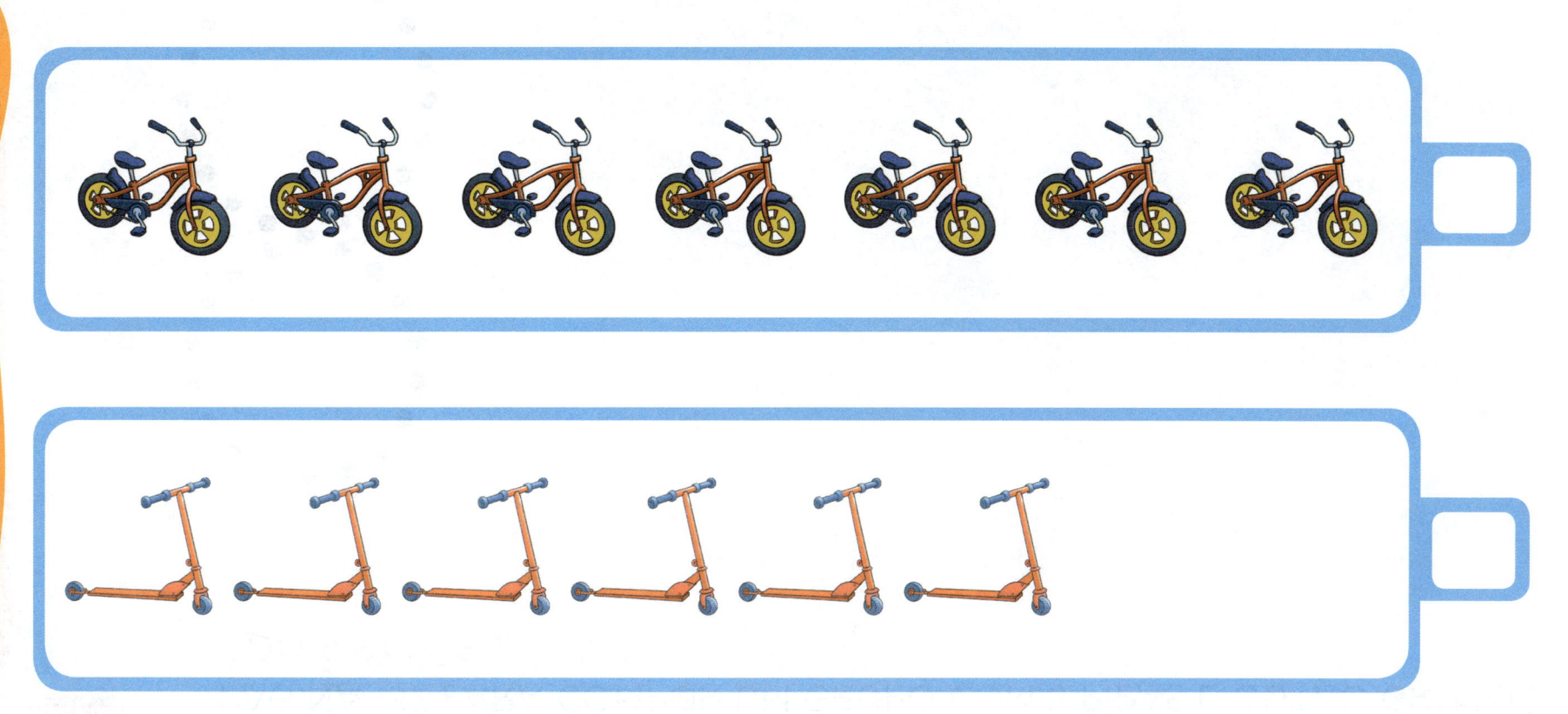

VOCÊ JÁ ANDOU DE PATINETE?
CONTE PARA OS COLEGAS COMO FOI SUA EXPERIÊNCIA.

Lição 56

CUBRA O NÚMERO 8.
EM CADA GRUPO, DEVE HAVER 8 OBJETOS. USE OS ADESIVOS DA PÁGINA 137 PARA COMPOR UM GRUPO COM 8 PIPAS E OUTRO GRUPO COM 8 BALÕES.

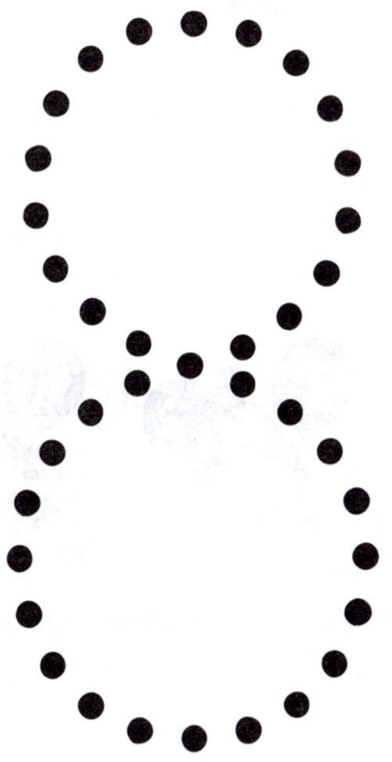

LIÇÃO 57

CUBRA OS PONTILHADOS PARA ESCREVER O NÚMERO **8**. DEPOIS, CONTINUE ESCREVENDO LIVREMENTE ESSE NÚMERO NO ESPAÇO ABAIXO.

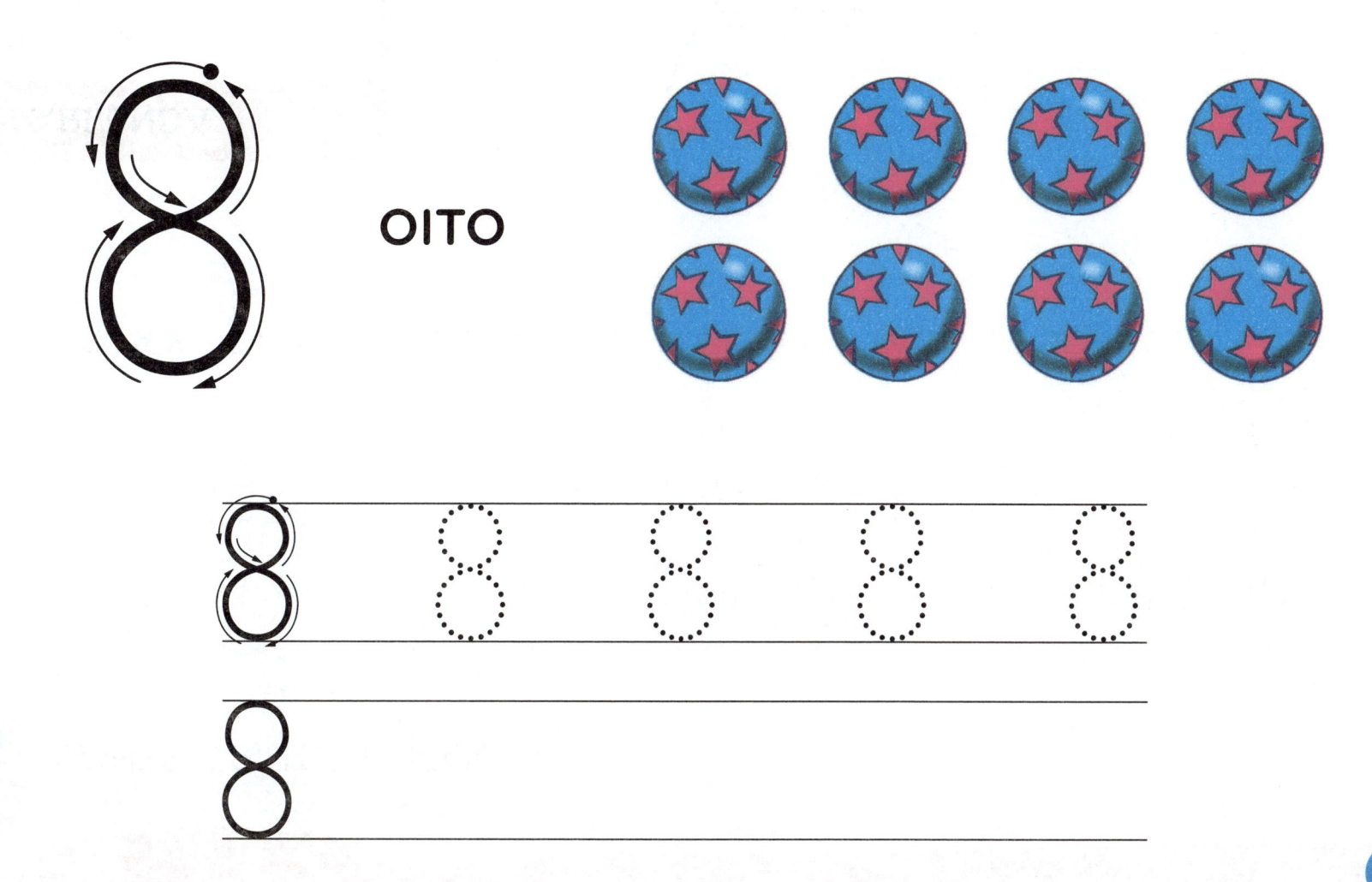

OITO

PARLENDA

UNI, DUNI, TÊ
SALAMÊ, MINGUÊ
UM SORVETE COLORE
O ESCOLHIDO FOI VOCÊ.

FAÇA **9** BOLINHAS COLORIDAS EM CIMA DA TAÇA DE SORVETE.

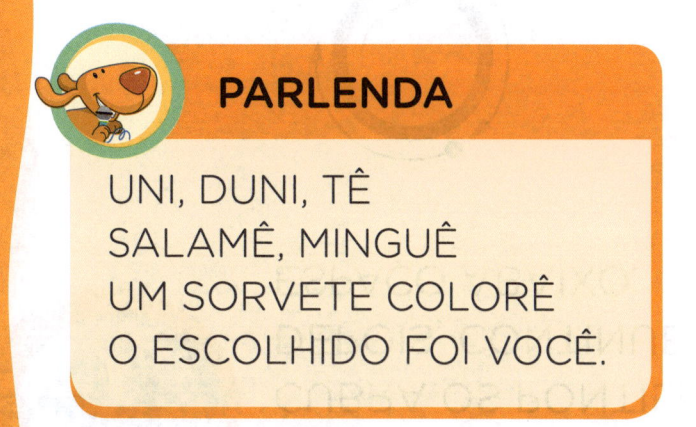

CONTE E PINTE **9** PICOLÉS.

LIÇÃO 59

CUBRA O NÚMERO **9**.

EM CADA GRUPO, DEVE HAVER **9** OBJETOS. USE OS ADESIVOS DA PÁGINA 139 PARA COMPOR UM GRUPO COM **9** PINCÉIS E OUTRO COM **9** CANETAS.

CUBRA OS PONTILHADOS PARA ESCREVER O NÚMERO 9. DEPOIS, CONTINUE ESCREVENDO LIVREMENTE ESSE NÚMERO NO ESPAÇO ABAIXO.

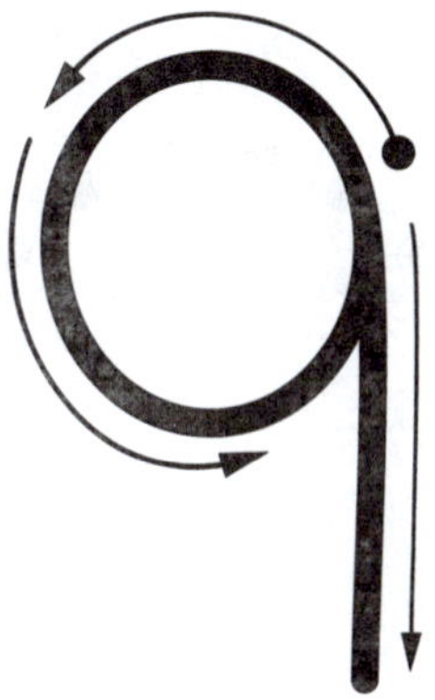

NOVE

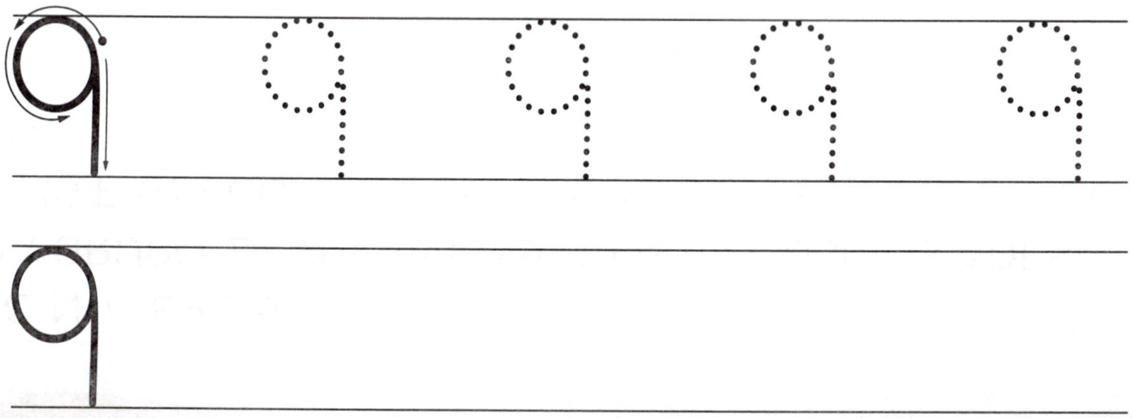

LIÇÃO 61

QUANTOS ELEMENTOS HÁ EM CADA AGRUPAMENTO? ESCREVA O NÚMERO CORRESPONDENTE NAS ETIQUETAS.

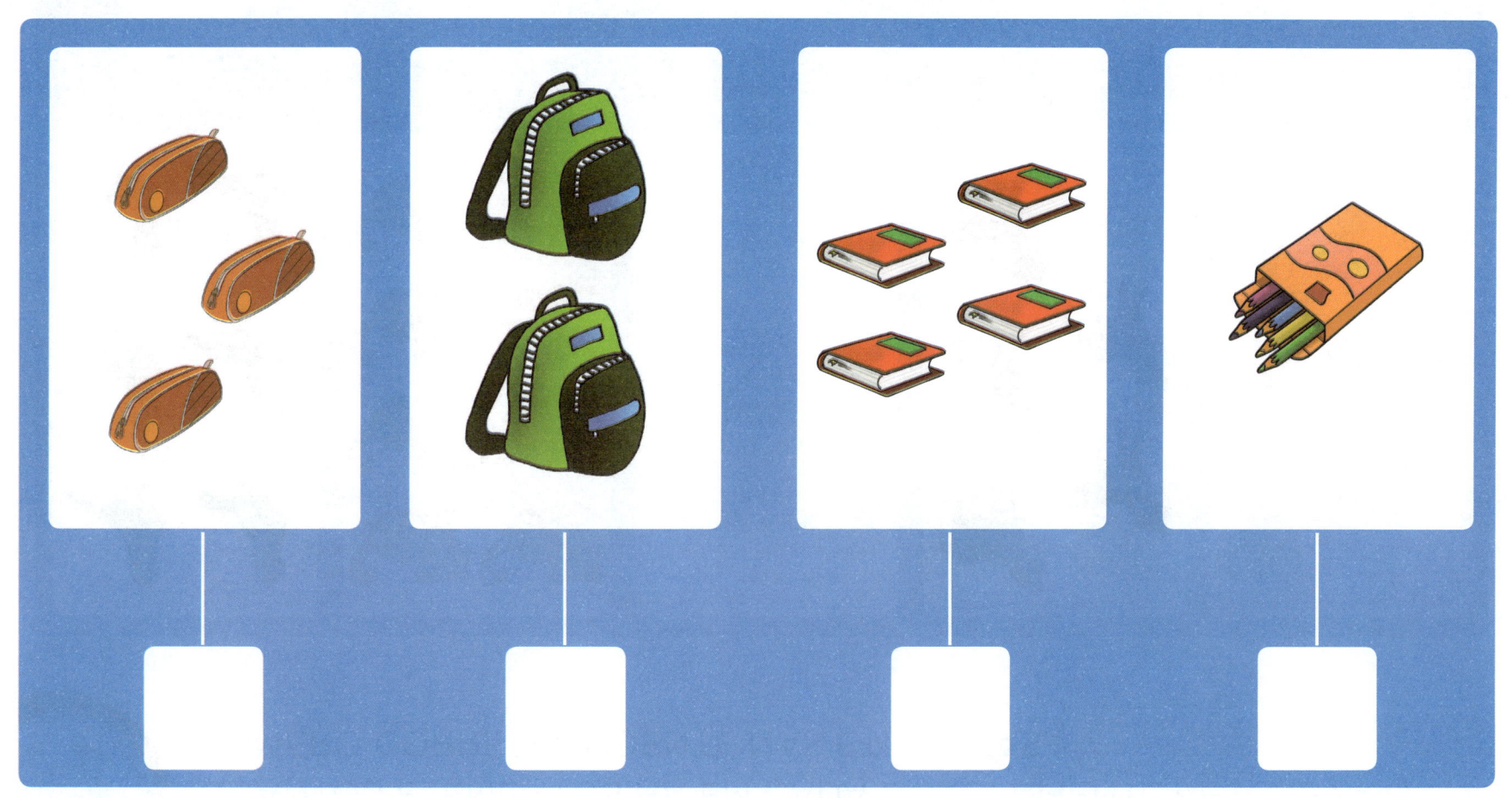

LIÇÃO 62

QUANTOS ELEMENTOS HÁ EM CADA AGRUPAMENTO? ESCREVA O NÚMERO CORRESPONDENTE NAS ETIQUETAS.

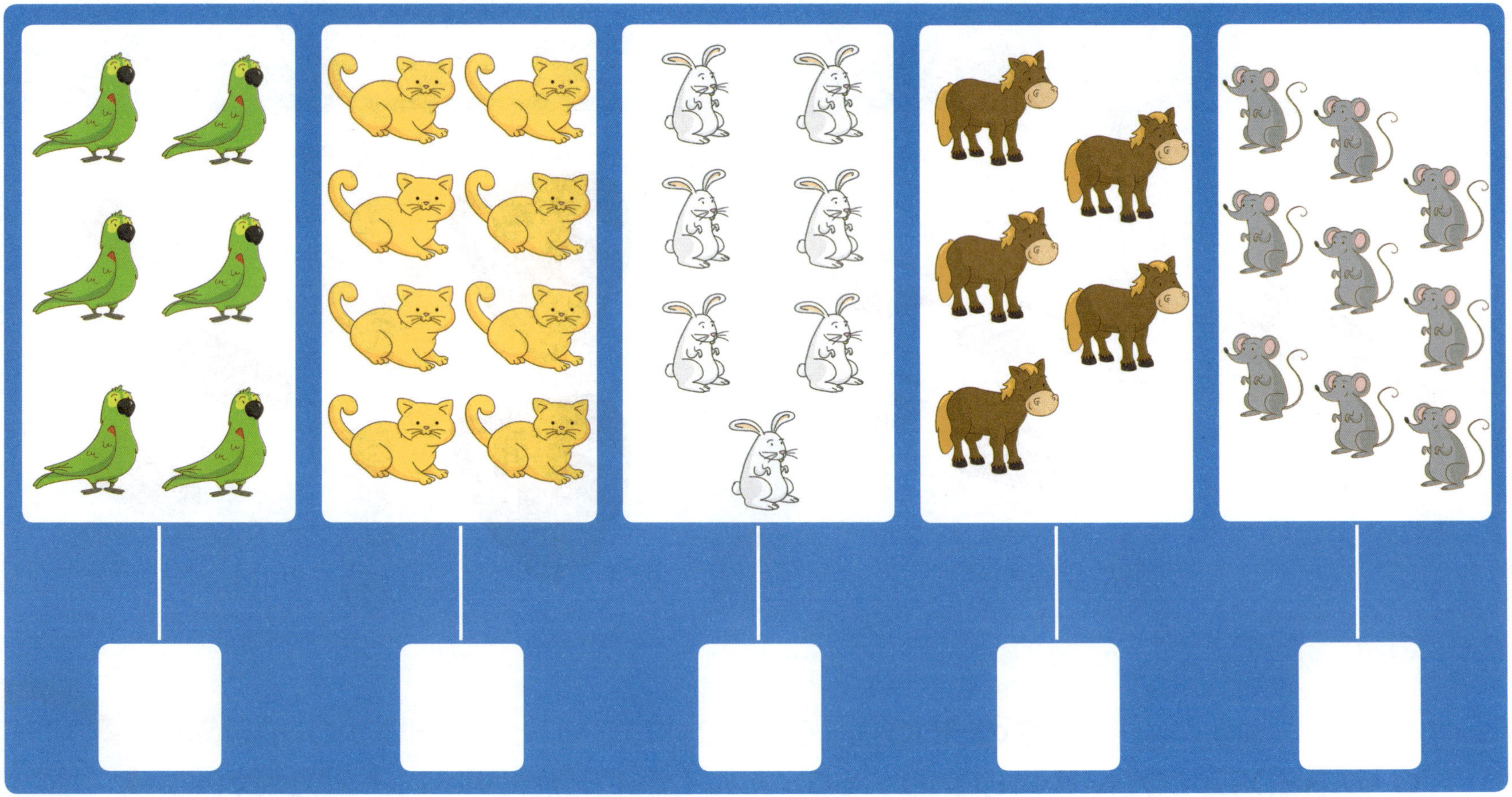

LIÇÃO 63

DESENHE OS ELEMENTOS QUE FALTAM PARA COMPLETAR **10**.

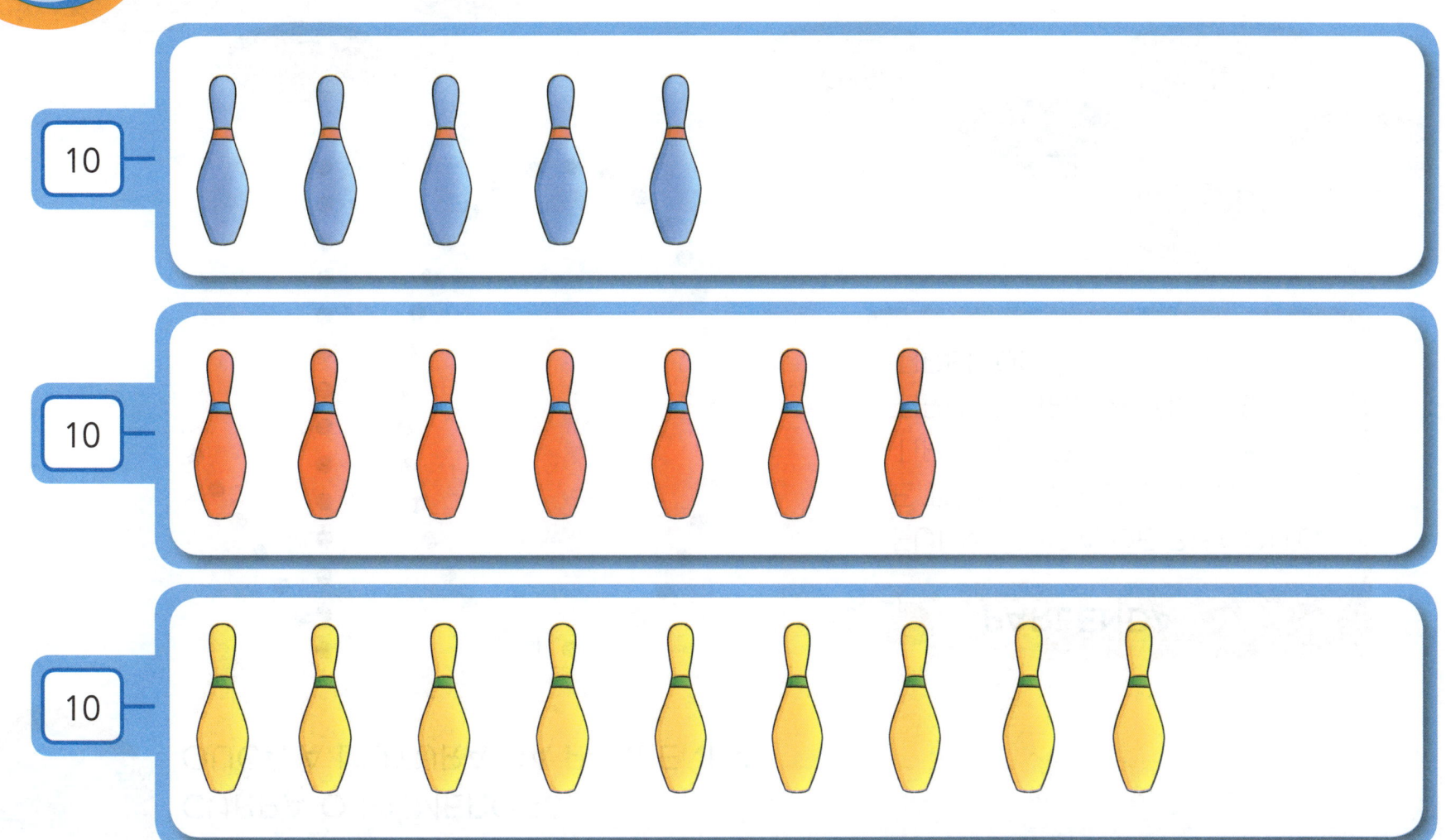

10

10

10

CUBRA O NÚMERO 10.
OUÇA A LEITURA DA PARLENDA.

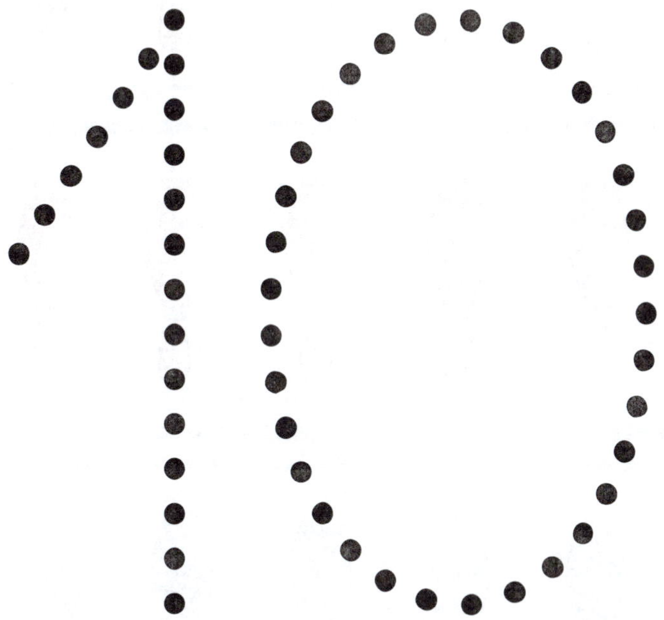

PARLENDA

FUI NA LATA DE BISCOITO
E TIREI 1, TIREI 2, TIREI 3,
TIREI 4, TIREI 5, TIREI 6,
TIREI 7, TIREI 8, TIREI 9,
TIREI 10!

LIÇÃO 65

JUNTANDO 10 LÁPIS, VOCÊ TEM **10 UNIDADES**.

10 UNIDADES = 10

CUBRA OS NÚMEROS **10** PONTILHADOS. DEPOIS, CONTINUE ESCREVENDO LIVREMENTE ESSE NÚMERO NO ESPAÇO ABAIXO.

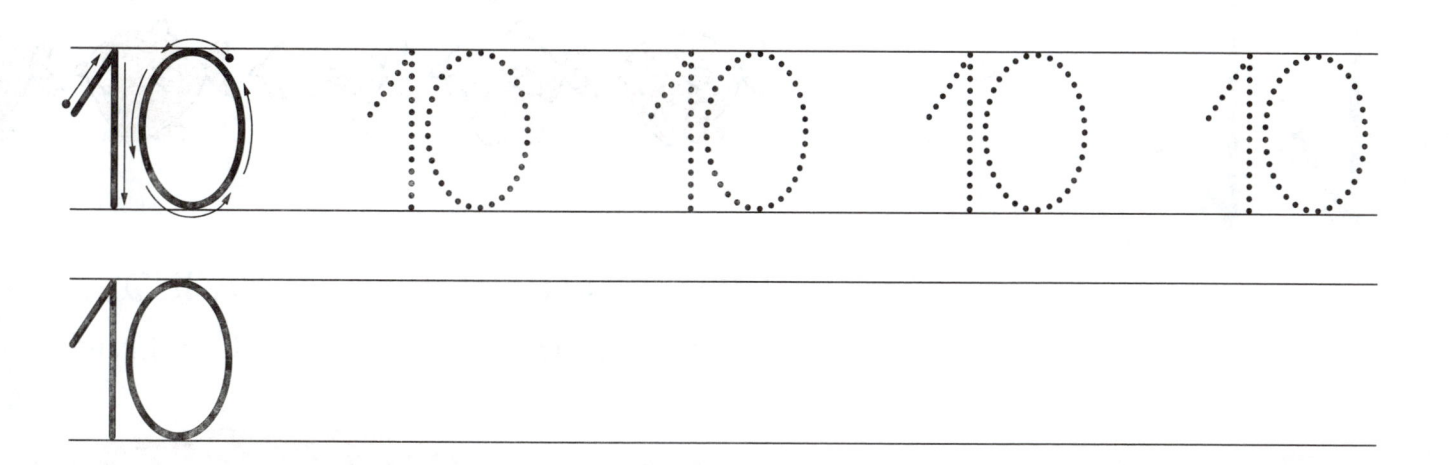

10 10 10 10 10

10

LIÇÃO 66

PINTE O PEIXE PARA FORMAR 11 UNIDADES.
ESCREVA O NÚMERO 11 NO QUADRO.

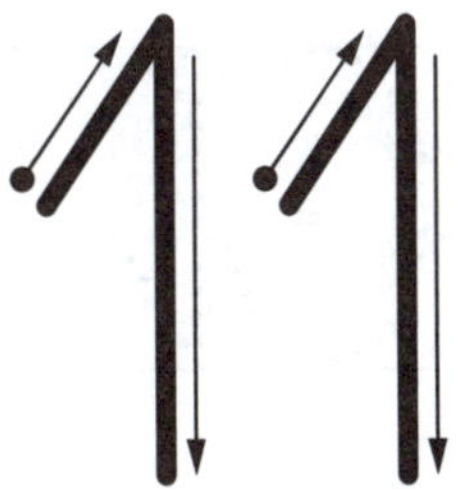

10 + 1 = ☐

CUBRA OS NÚMEROS 11 PONTILHADOS. DEPOIS, CONTINUE ESCREVENDO LIVREMENTE ESSE NÚMERO NO ESPAÇO ABAIXO.

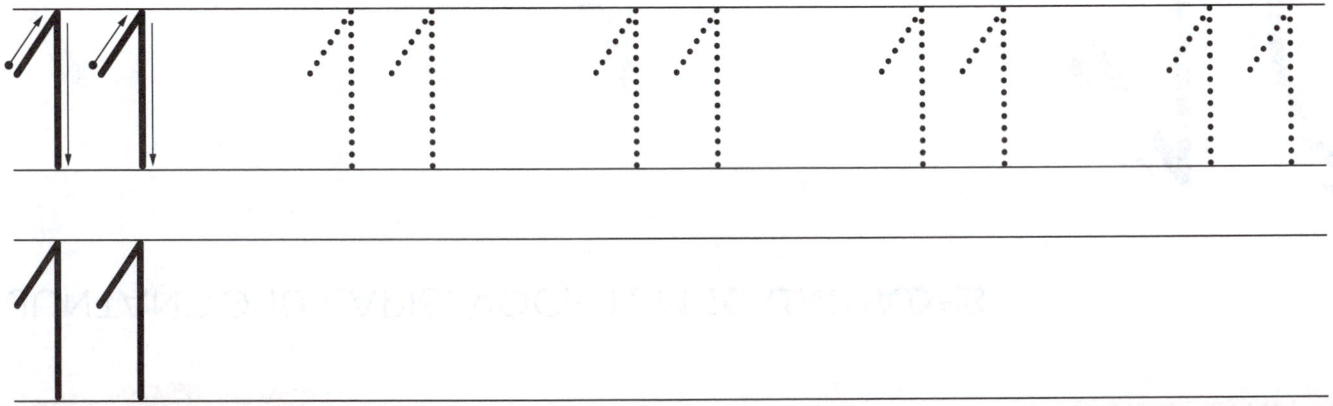

LIÇÃO 67

CUBRA O NÚMERO **11**.
LIGUE O NÚMERO **11** AO AGRUPAMENTO QUE POSSUI **11** ELEMENTOS.

LIÇÃO 68

PINTE OS CACHORROS ATÉ FORMAR **12** UNIDADES.
ESCREVA O NÚMERO **12** NO QUADRO.

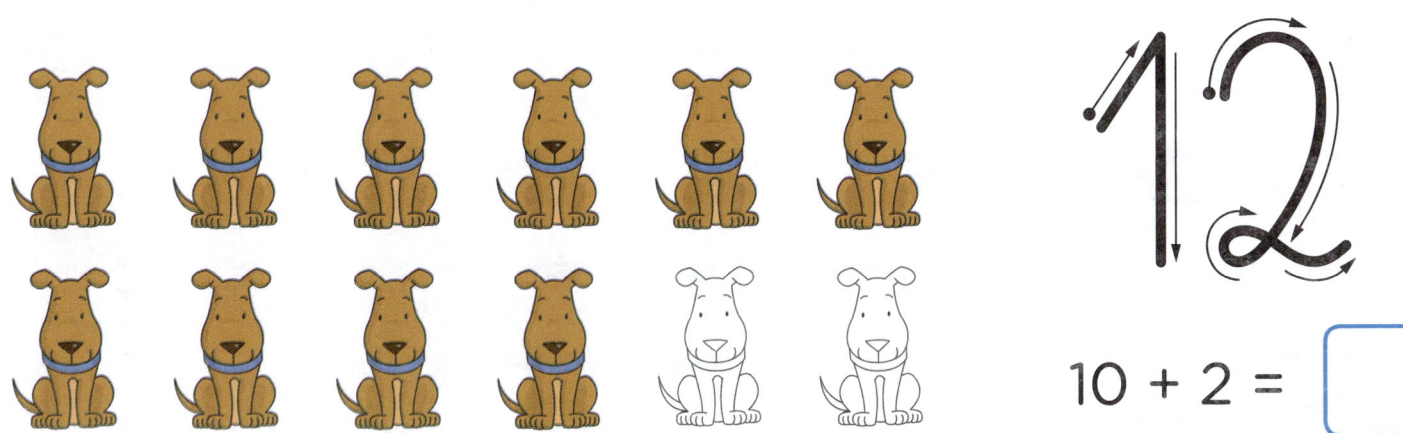

10 + 2 = ☐

CUBRA OS NÚMEROS **12** PONTILHADOS. DEPOIS, CONTINUE ESCREVENDO LIVREMENTE ESSE NÚMERO NO ESPAÇO ABAIXO.

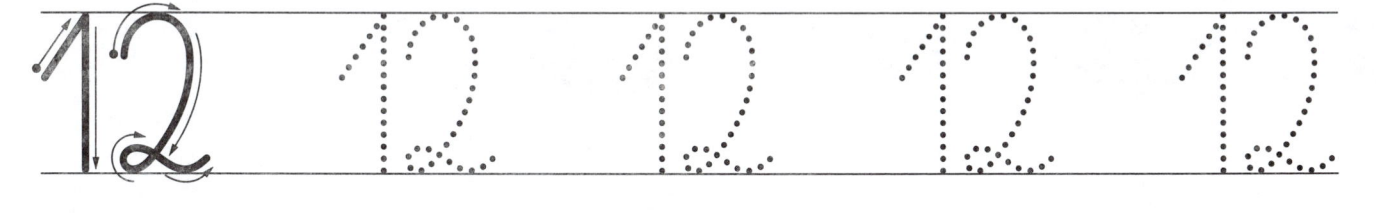

LIÇÃO 69

CUBRA O NÚMERO **12**.
LIGUE O NÚMERO **12** AO AGRUPAMENTO QUE POSSUI **12** ELEMENTOS.

DESENHE AS BOLINHAS QUE FALTAM PARA COMPLETAR 11.
DEPOIS, ESCREVA O NÚMERO TOTAL DE BOLINHAS NO QUADRO.

☐ = [   ] + [🔴🔴🔴🔴🔴 / 🔴🔴🔴🔴🔴] 10
         ☐

AGORA, DESENHE AS BOLINHAS QUE FALTAM PARA COMPLETAR 12.
ESCREVA O NÚMERO TOTAL DE BOLINHAS NO QUADRO.

☐ = [   ] + [🟢🟢🟢🟢🟢 / 🟢🟢🟢🟢🟢] 10
         ☐

LIÇÃO 71

PINTE OS SORVETES ATÉ FORMAR **13** UNIDADES. ESCREVA O NÚMERO **13** NO QUADRO.

10 + 3 = ☐

CUBRA OS NÚMEROS **13** PONTILHADOS. DEPOIS, CONTINUE ESCREVENDO LIVREMENTE ESSE NÚMERO NO ESPAÇO ABAIXO.

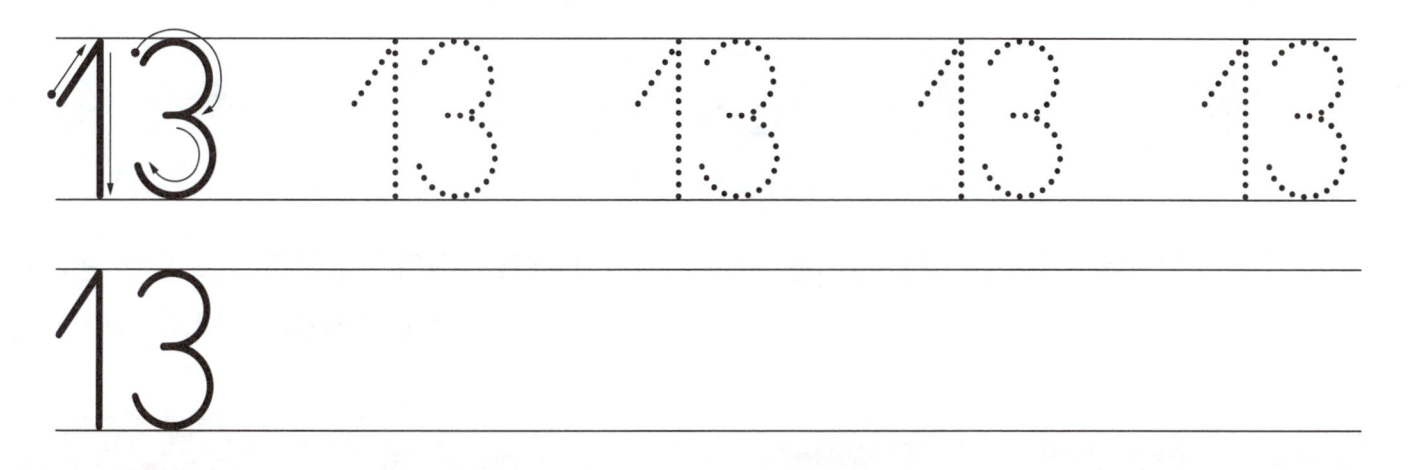

LIÇÃO 12

CUBRA O NÚMERO 13.
PINTE AS FIGURAS DO QUADRO QUE POSSUI 13 ELEMENTOS.

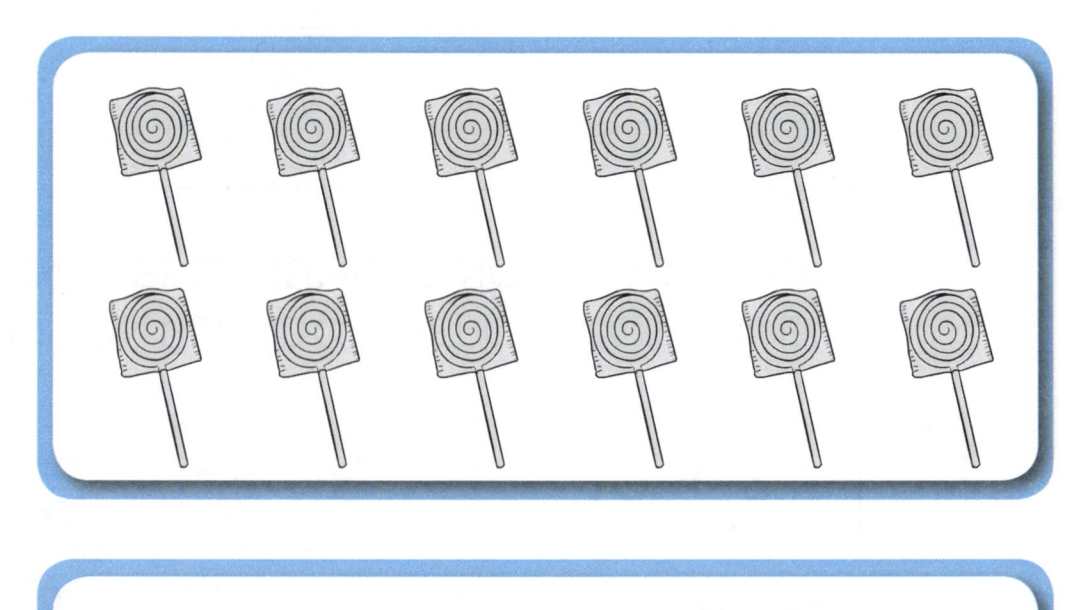

LIÇÃO 73

PINTE OS DOCINHOS ATÉ FORMAR **14** UNIDADES. ESCREVA O NÚMERO **14** NO QUADRO.

10 + 4 = ☐

CUBRA OS NÚMEROS **14** PONTILHADOS. DEPOIS, CONTINUE ESCREVENDO LIVREMENTE ESSE NÚMERO NO ESPAÇO ABAIXO.

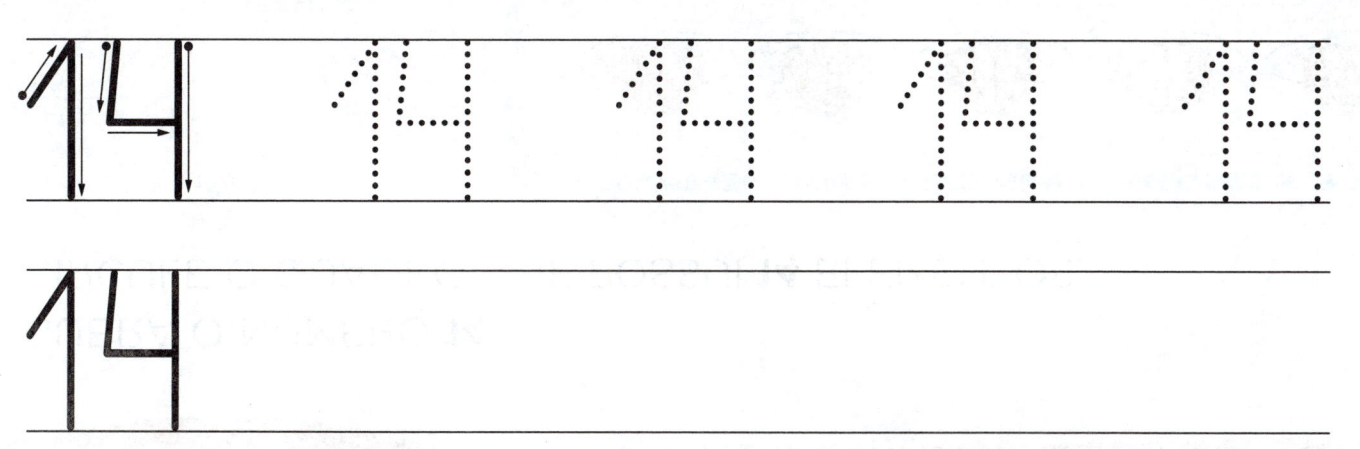

CUBRA O NÚMERO 14.
CIRCULE O QUADRO QUE POSSUI 14 ELEMENTOS.

Lição 14

LIÇÃO 75

DESENHE AS BOLINHAS QUE FALTAM PARA COMPLETAR **13**.
DEPOIS, ESCREVA O NÚMERO TOTAL DE BOLINHAS NO QUADRO.

10 + ☐ = ☐

AGORA, DESENHE AS BOLINHAS QUE FALTAM PARA COMPLETAR **14**.
ESCREVA O NÚMERO TOTAL DE BOLINHAS NO QUADRO.

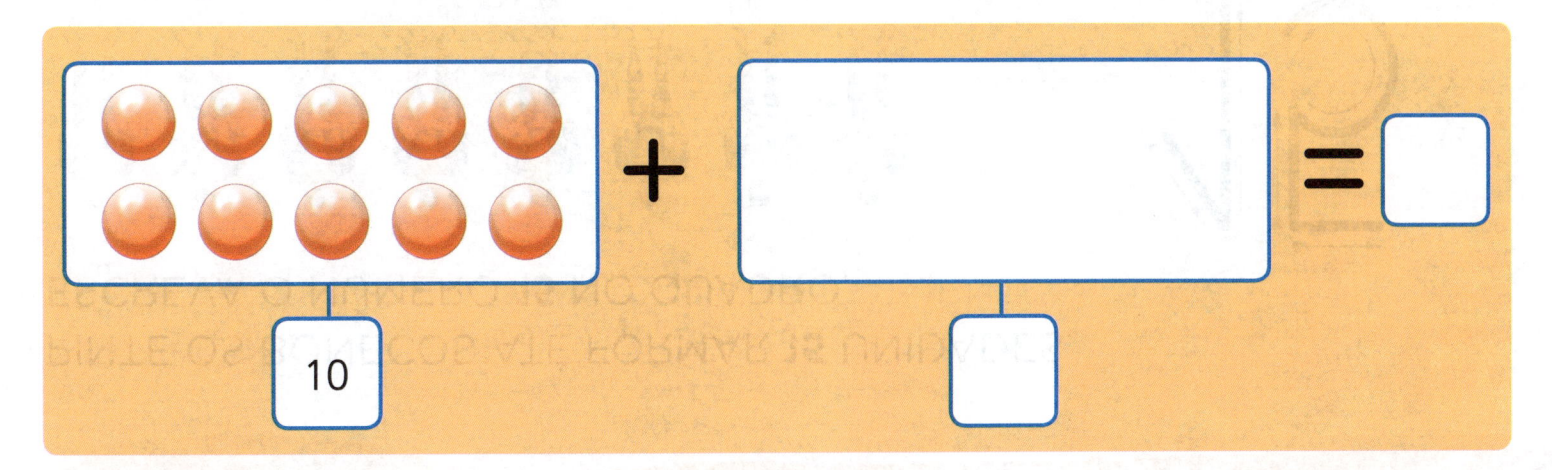

10 + ☐ = ☐

LIÇÃO 16

PINTE OS BONECOS ATÉ FORMAR **15** UNIDADES.
ESCREVA O NÚMERO **15** NO QUADRO.

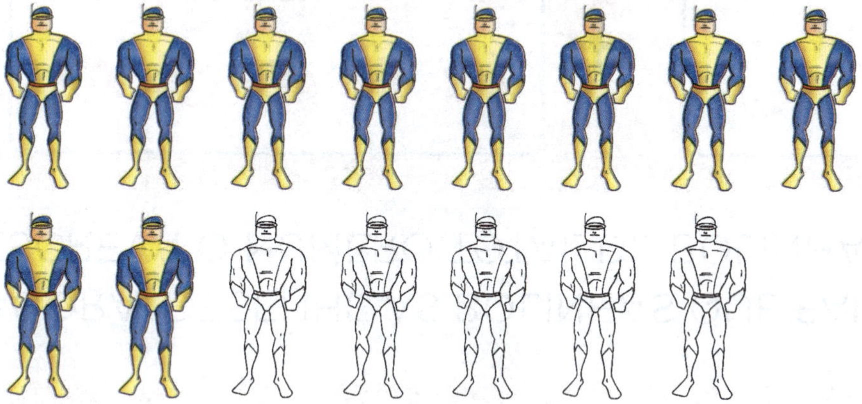

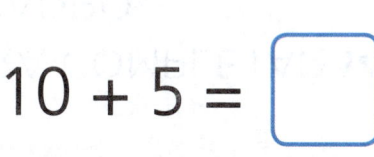

10 + 5 = ☐

CUBRA OS NÚMEROS **15** PONTILHADOS. DEPOIS, CONTINUE ESCREVENDO LIVREMENTE ESSE NÚMERO NO ESPAÇO ABAIXO.

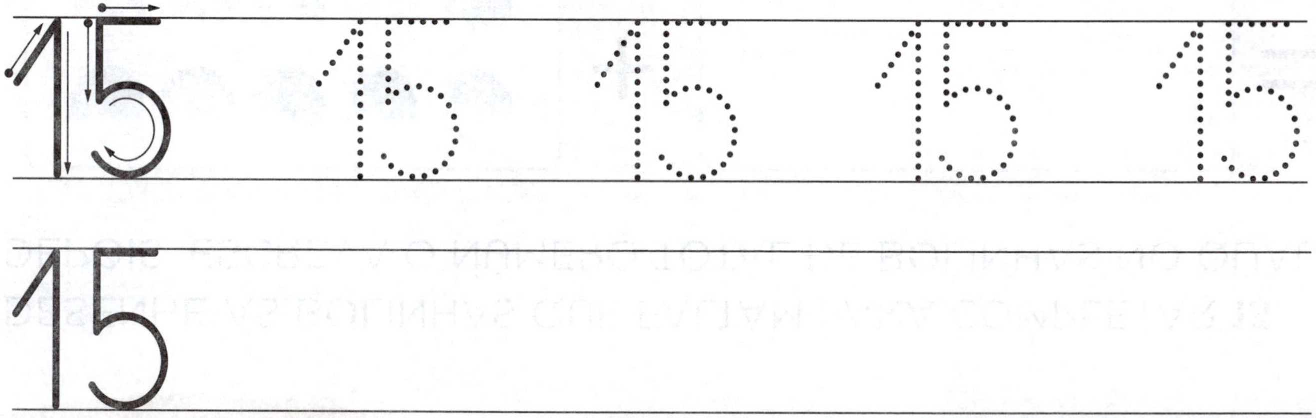

LIÇÃO 77

CUBRA O NÚMERO **15**. RISQUE O QUADRO QUE POSSUI **15** ELEMENTOS.

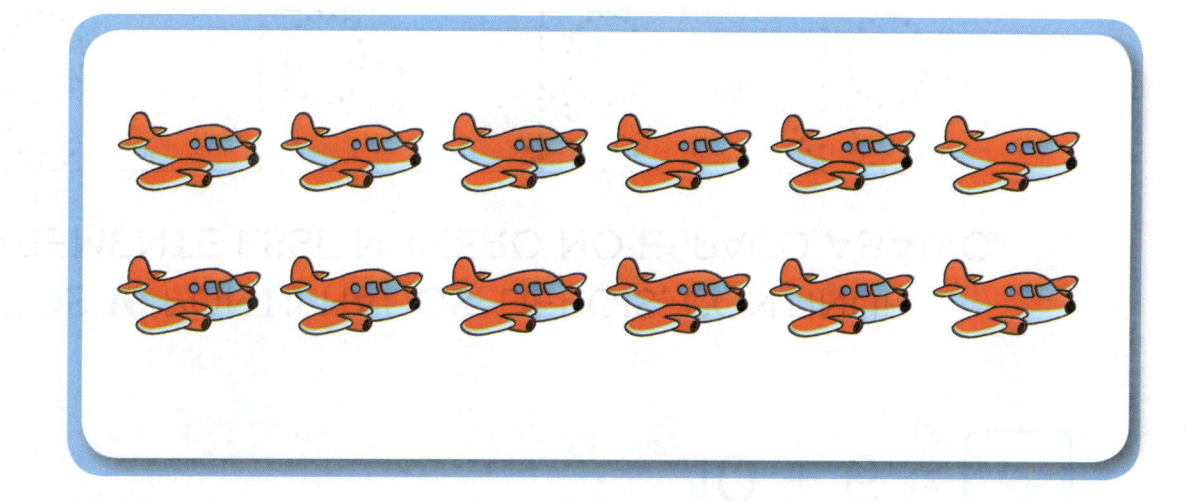

LIÇÃO 18

PINTE AS JOANINHAS ATÉ FORMAR 16 UNIDADES.
ESCREVA O NÚMERO 16 NO QUADRO.

16

10 + 6 = ☐

CUBRA OS NÚMEROS 16 PONTILHADOS. DEPOIS, CONTINUE ESCREVENDO LIVREMENTE ESSE NÚMERO NO ESPAÇO ABAIXO.

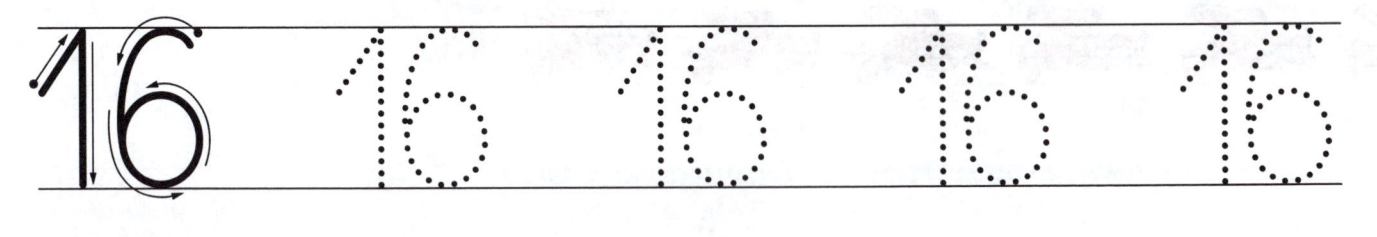

16 16 16 16 16

16

LIÇÃO 79

CUBRA O NÚMERO **16**.
LIGUE O NÚMERO **16** AO AGRUPAMENTO QUE POSSUI **16** ELEMENTOS.

LIÇÃO 08

DESENHE AS BOLINHAS QUE FALTAM PARA COMPLETAR **15**. DEPOIS, ESCREVA O NÚMERO TOTAL DE BOLINHAS NO QUADRO.

AGORA, DESENHE AS BOLINHAS QUE FALTAM PARA COMPLETAR **16**. ESCREVA O NÚMERO TOTAL DE BOLINHAS NO QUADRO.

LIÇÃO 81

PINTE AS BONECAS ATÉ FORMAR **17** UNIDADES.
ESCREVA O NÚMERO **17** NO QUADRO.

10 + 7 = ☐

CUBRA OS NÚMEROS **17** PONTILHADOS. DEPOIS, CONTINUE ESCREVENDO LIVREMENTE ESSE NÚMERO NO ESPAÇO ABAIXO.

CUBRA O NÚMERO 17.
LIGUE O NÚMERO 17 AO AGRUPAMENTO QUE POSSUI 17 ELEMENTOS.

LIÇÃO 83

PINTE OS PALHAÇOS ATÉ FORMAR **18** UNIDADES. ESCREVA O NÚMERO **18** NO QUADRO.

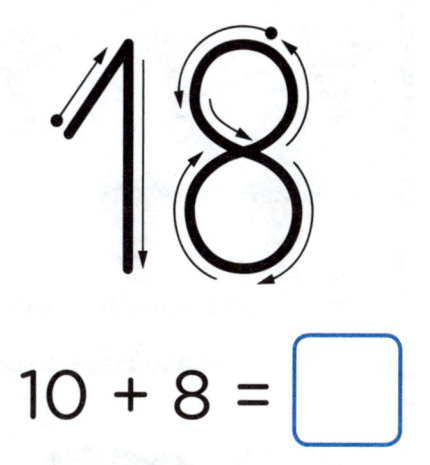

10 + 8 =

CUBRA OS NÚMEROS **18** PONTILHADOS. DEPOIS, CONTINUE ESCREVENDO LIVREMENTE ESSE NÚMERO NO ESPAÇO ABAIXO.

CUBRA O NÚMERO 18.

CIRCULE O QUADRO QUE POSSUI 18 ELEMENTOS.

LIÇÃO 18

LIÇÃO 85

DESENHE AS BOLINHAS QUE FALTAM PARA COMPLETAR **17**. DEPOIS, ESCREVA O NÚMERO TOTAL DE BOLINHAS NO QUADRO.

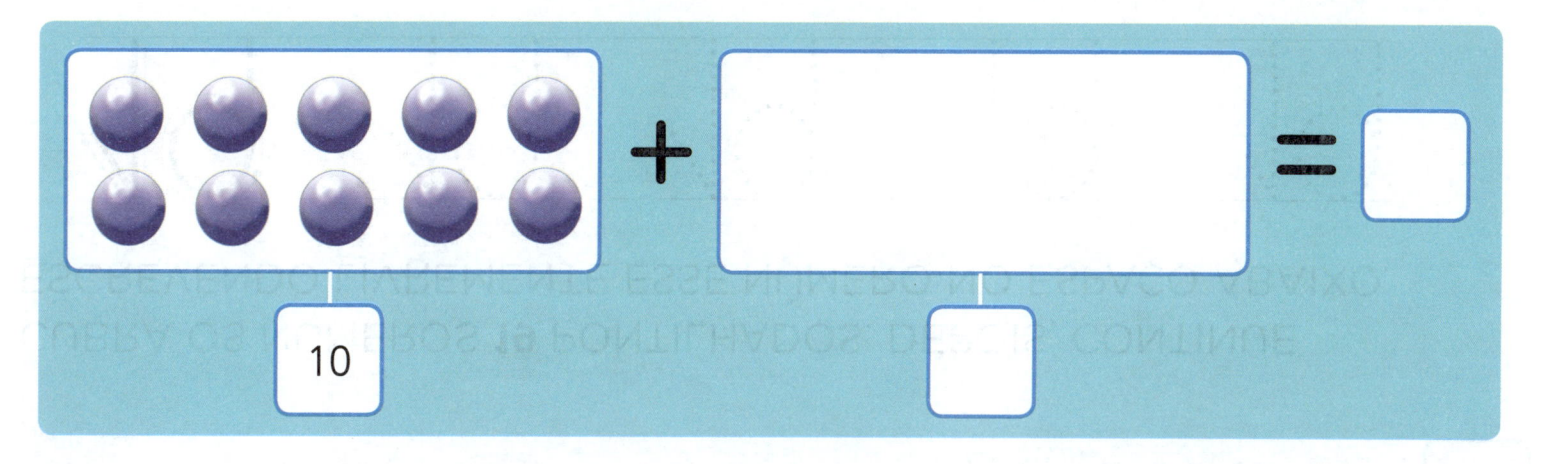

10 + ☐ = ☐

AGORA, DESENHE AS BOLINHAS QUE FALTAM PARA COMPLETAR **18**. ESCREVA O NÚMERO TOTAL DE BOLINHAS NO QUADRO.

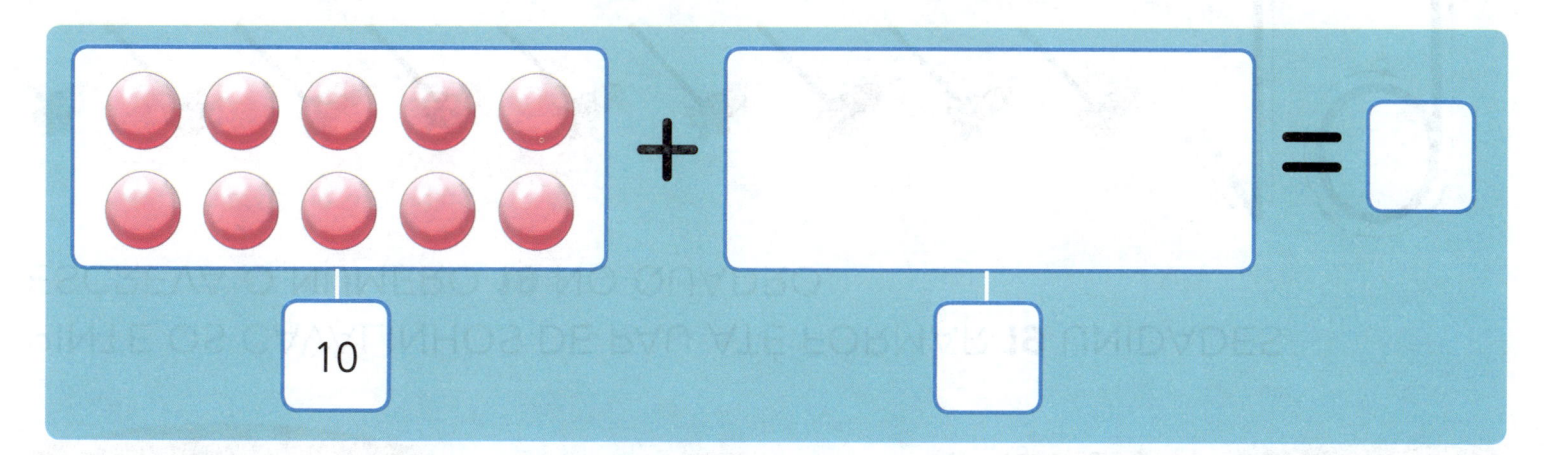

10 + ☐ = ☐

LIÇÃO **98**

PINTE OS CAVALINHOS DE PAU ATÉ FORMAR **19** UNIDADES.
ESCREVA O NÚMERO **19** NO QUADRO.

10 + 9 = ☐

CUBRA OS NÚMEROS **19** PONTILHADOS, DEPOIS, CONTINUE ESCREVENDO LIVREMENTE ESSE NÚMERO NO ESPAÇO ABAIXO.

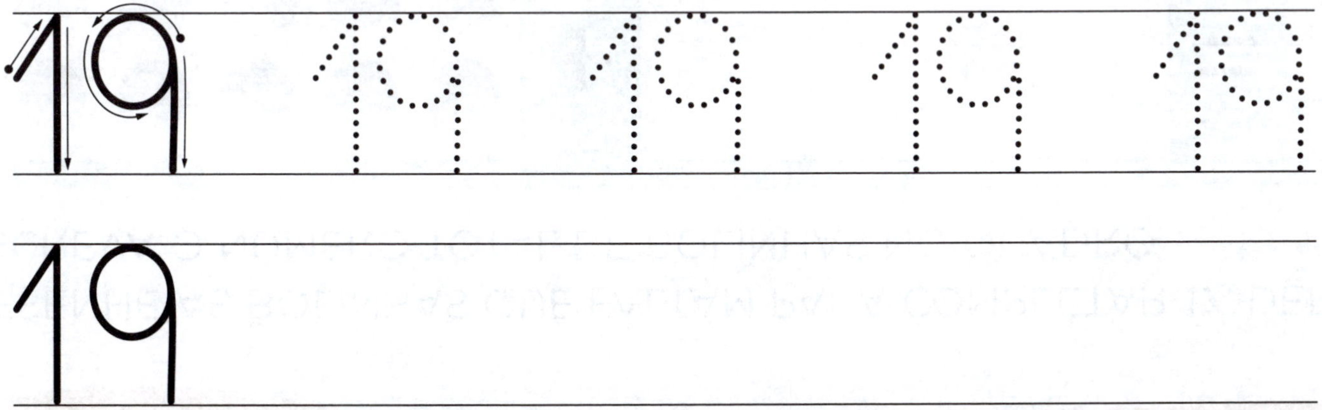

LIÇÃO 87

CUBRA O NÚMERO **19** PONTILHADO.
LIGUE O NÚMERO **19** AO AGRUPAMENTO QUE POSSUI **19** ELEMENTOS.

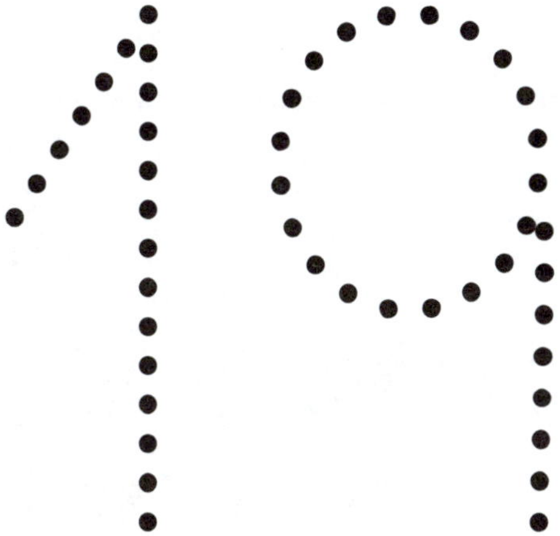

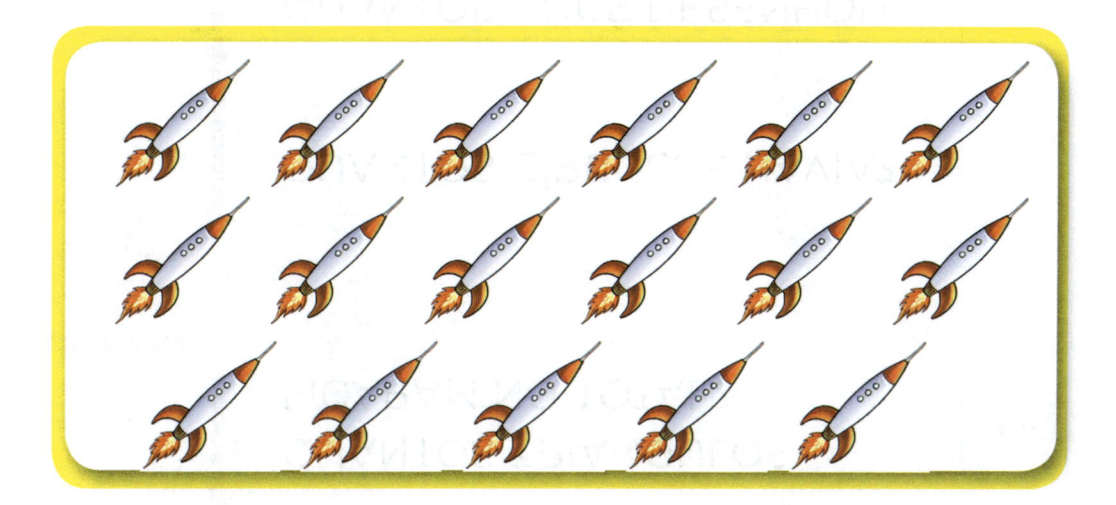

LIÇÃO 88

COMPLETE OS QUADROS PARA QUE CADA UM TENHA **19** ELEMENTOS.

QUANTOS TRIÂNGULOS HAVIA? ☐

QUANTOS VOCÊ DESENHOU? ☐

QUANTOS TRIÂNGULOS FICARAM NO TOTAL? ☐

QUANTOS CÍRCULOS HAVIA? ☐

QUANTOS VOCÊ DESENHOU? ☐

QUANTOS CÍRCULOS FICARAM NO TOTAL? ☐

LIÇÃO 89

CONTE AS BOLINHAS E COMPLETE A SEQUÊNCIA NUMÉRICA.

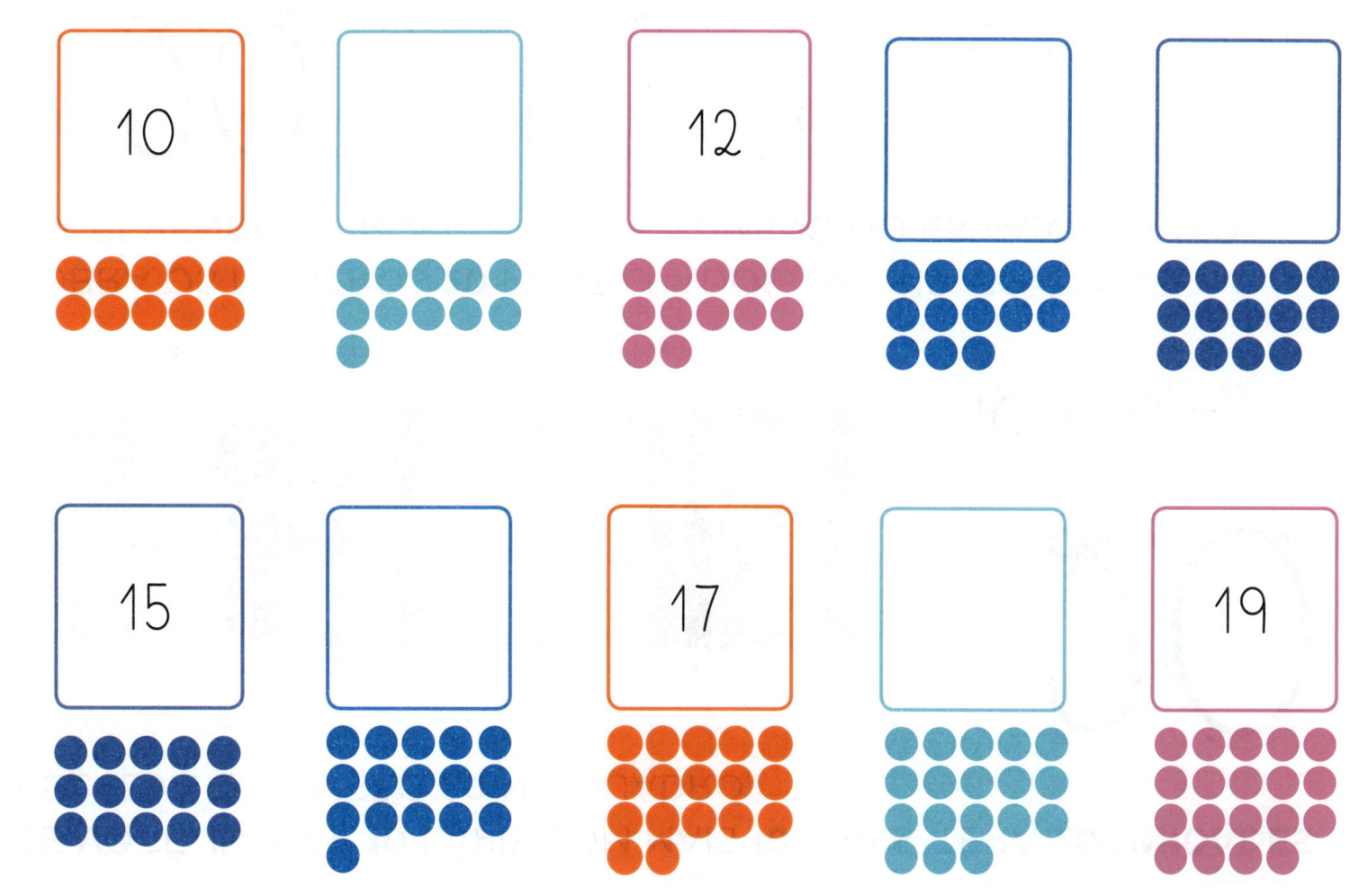

Lição 06

SE VOCÊ JUNTAR **10** LÁPIS COM MAIS **10** LÁPIS, TERÁ **20 UNIDADES**.
ESCREVA O NÚMERO **20** NO QUADRO.

10 + 10 = ☐

CUBRA OS NÚMEROS **20** PONTILHADOS. DEPOIS, CONTINUE ESCREVENDO LIVREMENTE ESSE NÚMERO NO ESPAÇO ABAIXO.

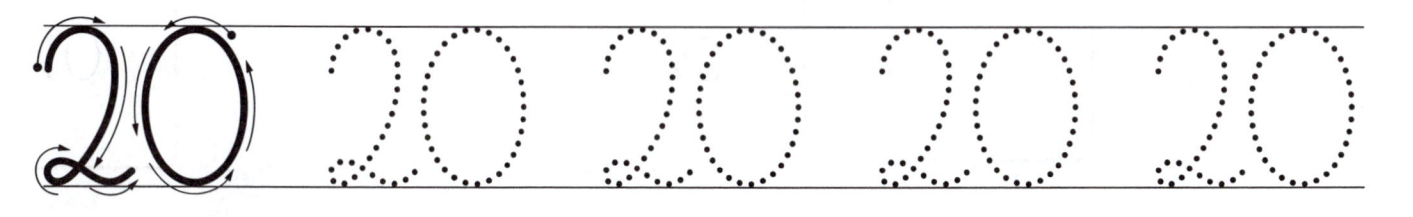

LIÇÃO 91

CUBRA O NÚMERO **20**.
LIGUE O NÚMERO **20** AO AGRUPAMENTO QUE POSSUI **20** ELEMENTOS.

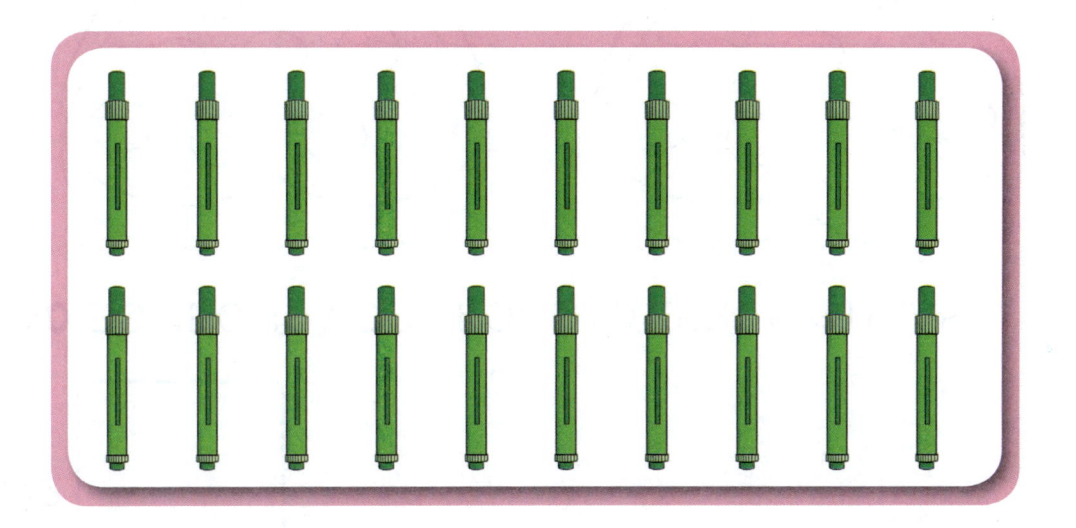

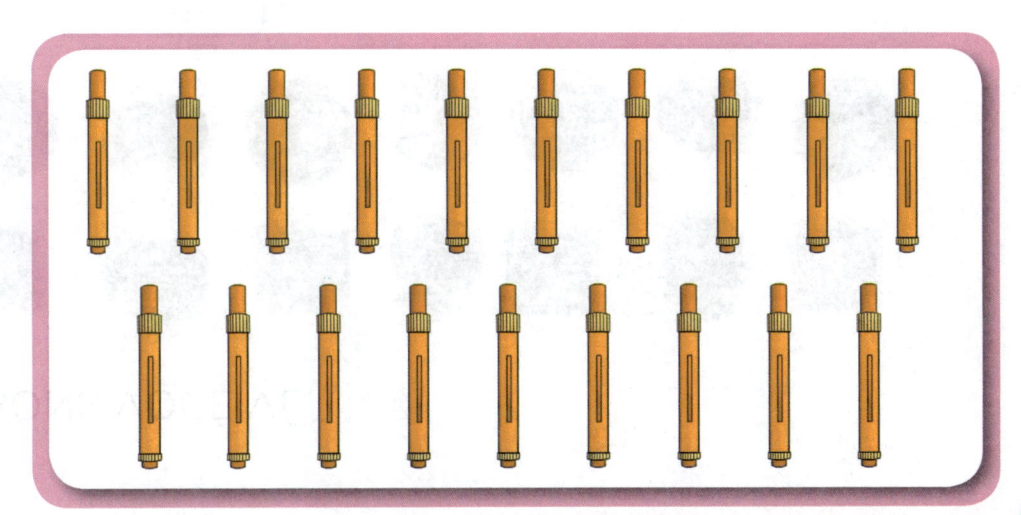

LIÇÃO 92

CONTE QUANTOS BOMBONS VOCÊ VÊ.

QUANTOS BOMBONS HÁ?

QUANTAS CAIXAS COM **10** BOMBONS VOCÊ PODE FAZER? PINTE-AS.

LIÇÃO 93

COMPLETE AS CASINHAS COM OS NÚMEROS QUE FALTAM.

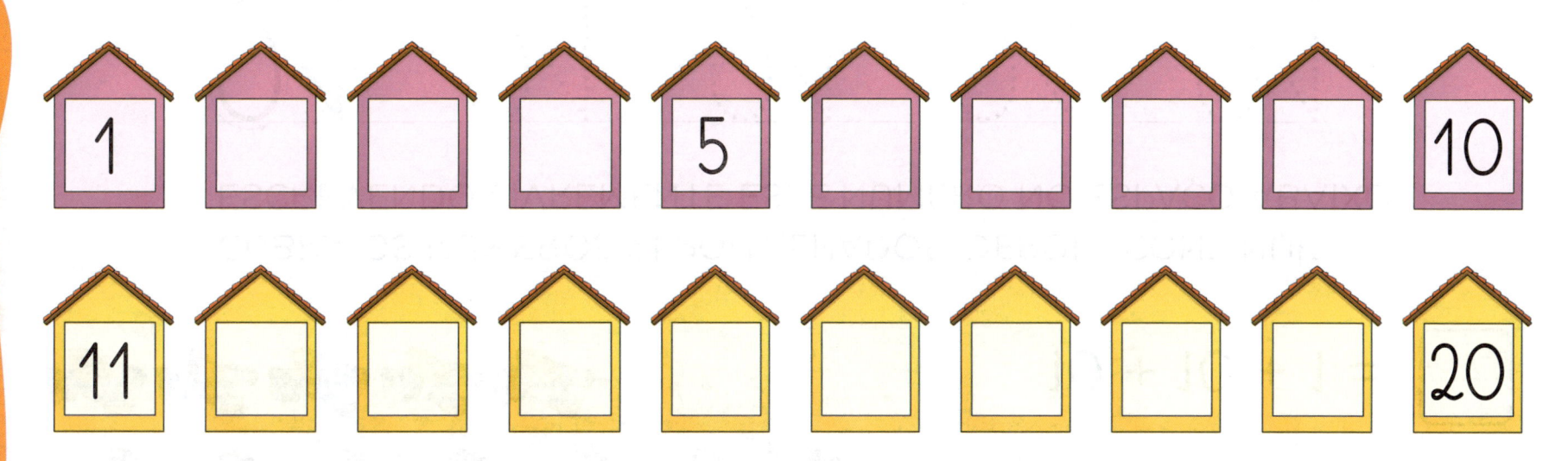

| 1 | | | | 5 | | | | | 10 |

| 11 | | | | | | | | | 20 |

COLE OS NÚMEROS DE **11** A **20** NA ORDEM CORRETA. USE OS ADESIVOS DA PÁGINA 141.

Lição 46

PINTE O AVIÃOZINHO PARA FORMAR **21** UNIDADES.
ESCREVA O NÚMERO **21** NO QUADRO.

10 + 10 + 1 =

CUBRA OS NÚMEROS **21** PONTILHADOS. DEPOIS, CONTINUE ESCREVENDO LIVREMENTE ESSE NÚMERO NO ESPAÇO ABAIXO.

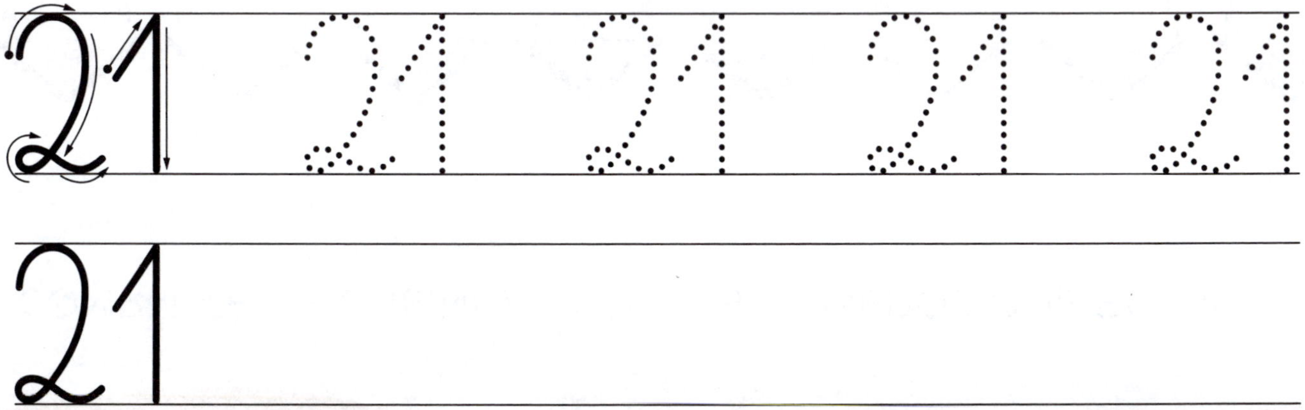

LIÇÃO 95

PINTE OS PIÕES SONOROS ATÉ FORMAR **22** UNIDADES.
ESCREVA O NÚMERO **22** NO QUADRO.

10 + 10 + 2 = ☐

CUBRA OS NÚMEROS **22** PONTILHADOS. DEPOIS, CONTINUE ESCREVENDO LIVREMENTE ESSE NÚMERO NO ESPAÇO ABAIXO.

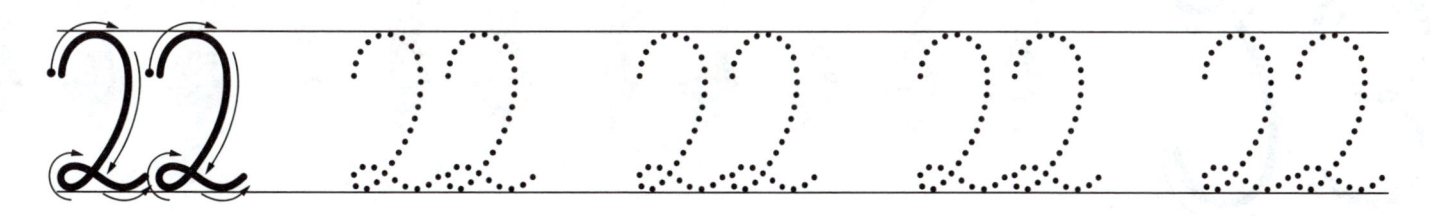

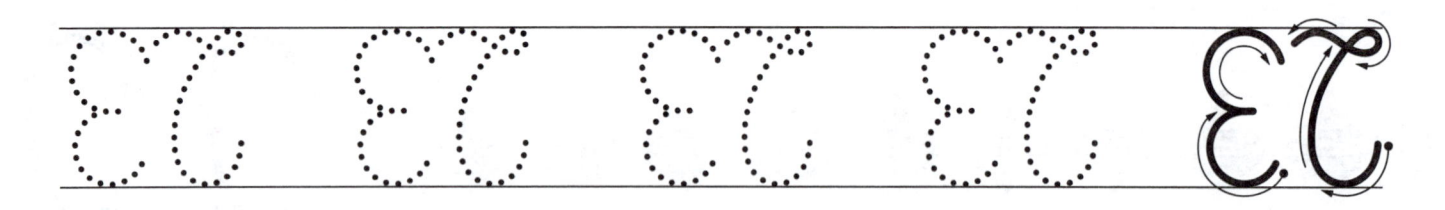

LIÇÃO 96

PINTE OS BALÕES ATÉ FORMAR **23** UNIDADES.
ESCREVA O NÚMERO **23** NO QUADRO.

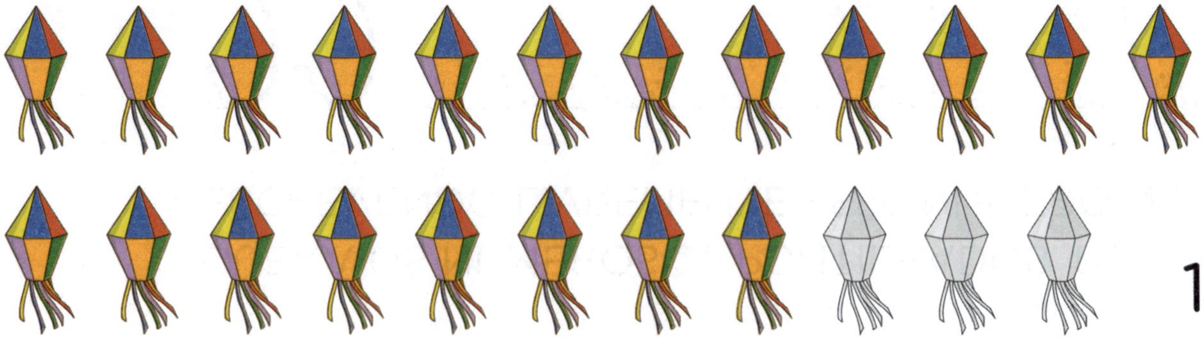

10 + 10 + 3 = ☐

CUBRA OS NÚMEROS **23** PONTILHADOS. DEPOIS, CONTINUE
ESCREVENDO LIVREMENTE ESSE NÚMERO NO ESPAÇO ABAIXO.

LIÇÃO 97

PINTE AS ESCULTURAS DE BALÃO ATÉ FORMAR **24** UNIDADES. ESCREVA O NÚMERO **24** NO QUADRO.

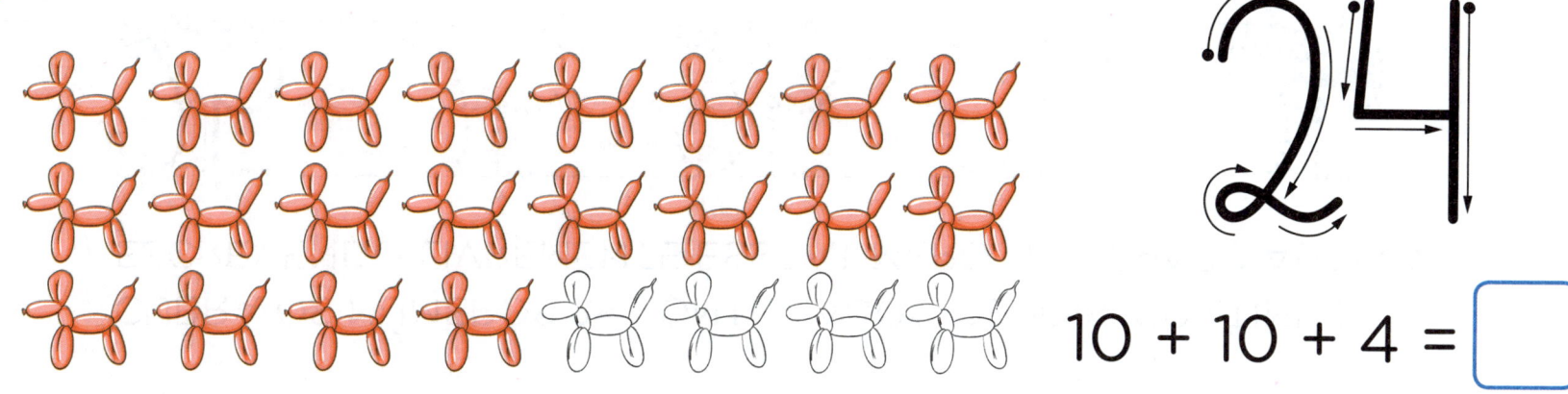

10 + 10 + 4 =

CUBRA OS NÚMEROS **24** PONTILHADOS. DEPOIS, CONTINUE ESCREVENDO LIVREMENTE ESSE NÚMERO NO ESPAÇO ABAIXO.

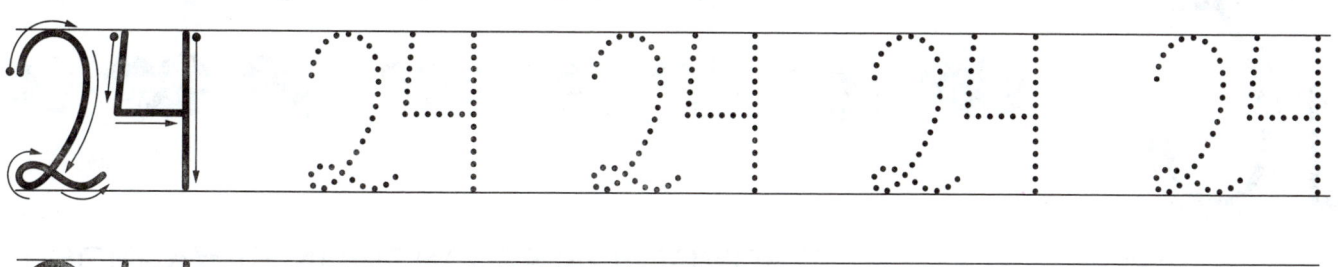

Lição 98

PINTE OS APITOS ATÉ FORMAR 25 UNIDADES.
ESCREVA O NÚMERO **25** NO QUADRO.

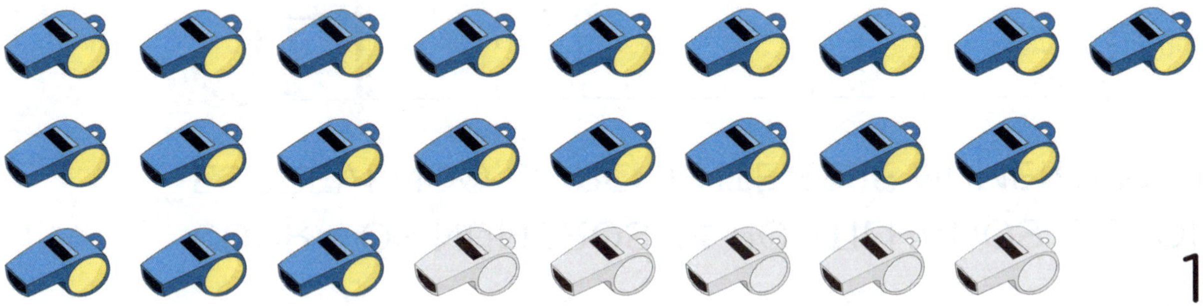

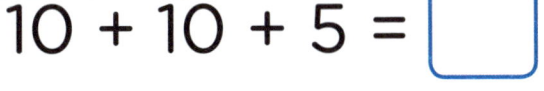

10 + 10 + 5 = ☐

CUBRA OS NÚMEROS **25** PONTILHADOS. DEPOIS, CONTINUE ESCREVENDO LIVREMENTE ESSE NÚMERO NO ESPAÇO ABAIXO.

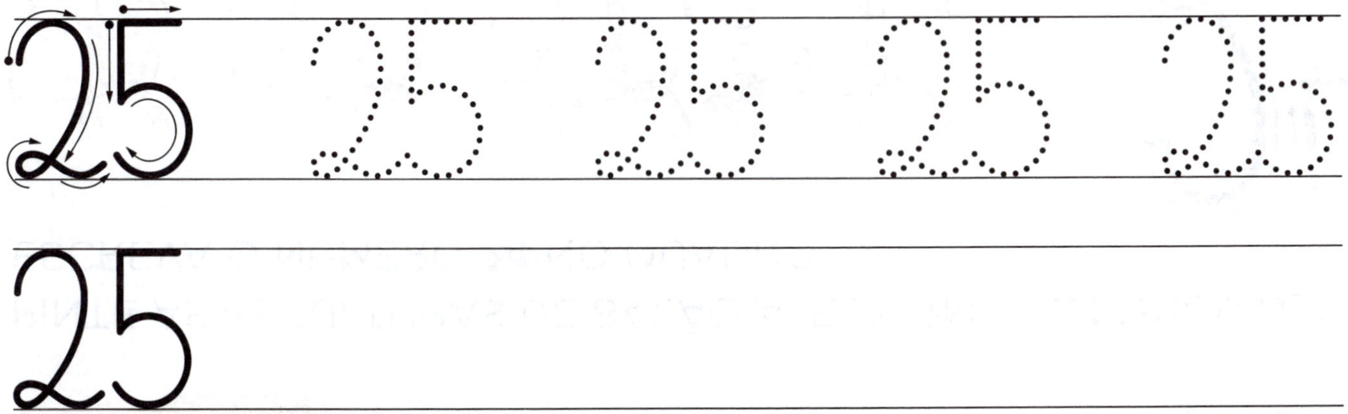

LIÇÃO 99

PINTE OS BARQUINHOS ATÉ FORMAR **26** UNIDADES.
ESCREVA O NÚMERO **26** NO QUADRO.

10 + 10 + 6 =

CUBRA OS NÚMEROS **26** PONTILHADOS. DEPOIS, CONTINUE ESCREVENDO LIVREMENTE ESSE NÚMERO NO ESPAÇO ABAIXO.

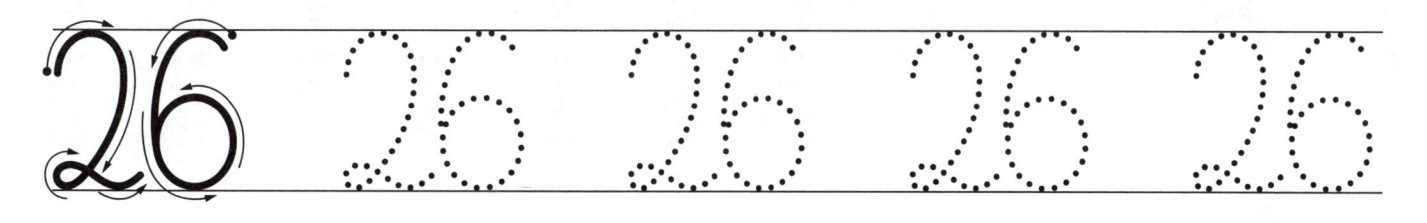

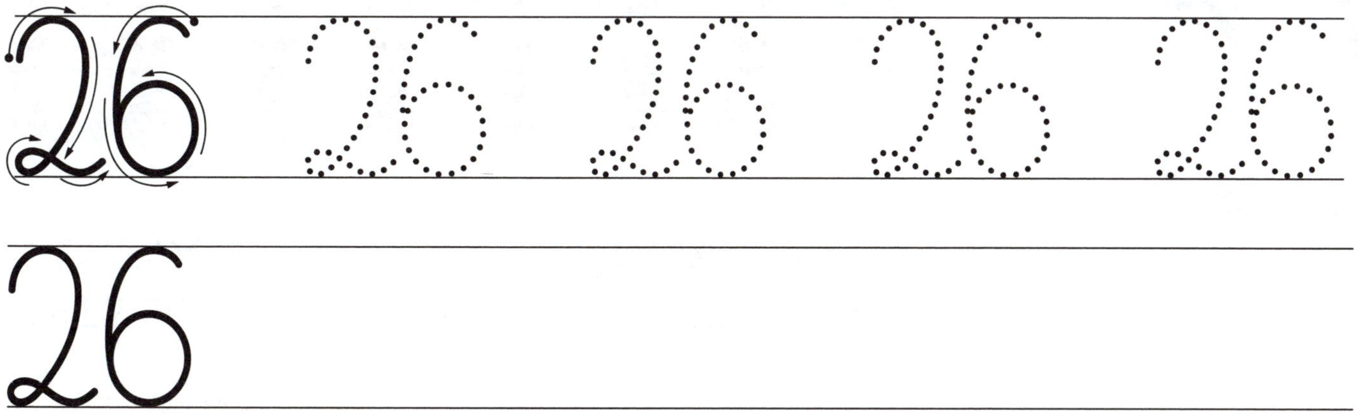

26 26 26 26 26

26

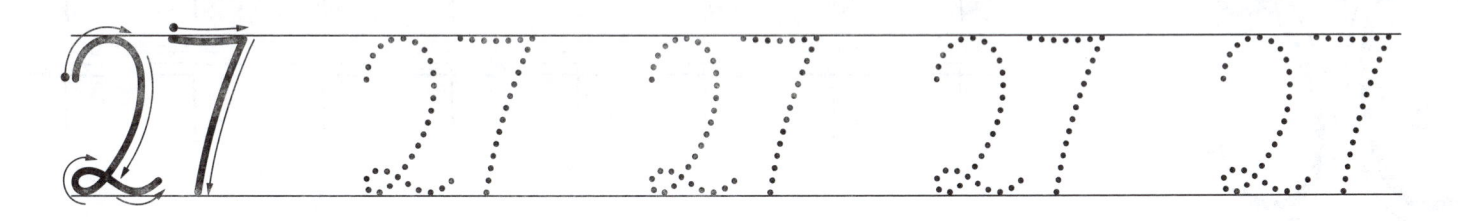

PINTE OS ROBÔS ATÉ FORMAR **27** UNIDADES.
ESCREVA O NÚMERO **27** NO QUADRO.

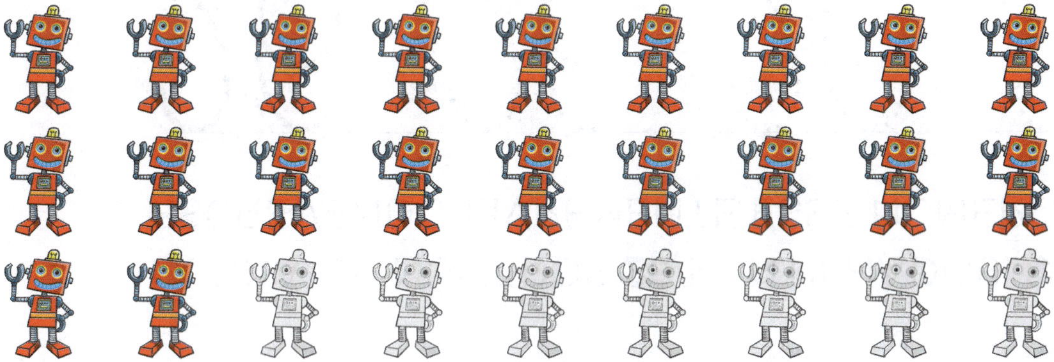

10 + 7 = ☐

CUBRA OS NÚMEROS **27** PONTILHADOS. DEPOIS, CONTINUE ESCREVENDO LIVREMENTE ESSE NÚMERO NO ESPAÇO ABAIXO.

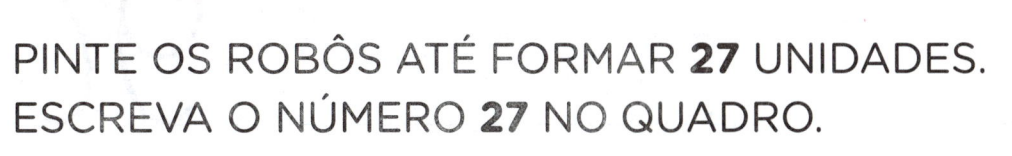

LIÇÃO 101

PINTE AS BOLAS ATÉ FORMAR **28** UNIDADES.
ESCREVA O NÚMERO **28** NO QUADRO.

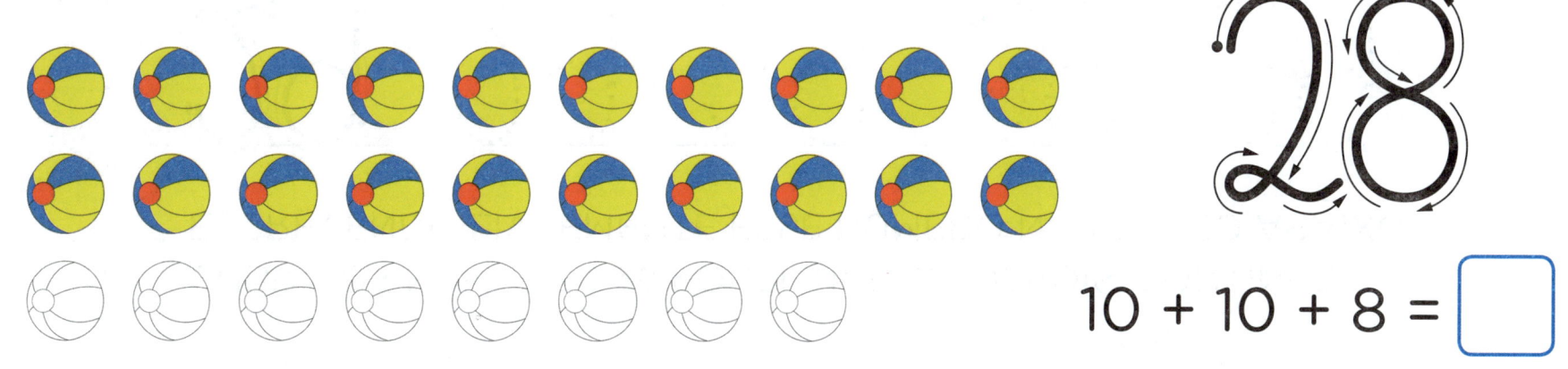

10 + 10 + 8 = ☐

CUBRA OS NÚMEROS **28** PONTILHADOS. DEPOIS, CONTINUE ESCREVENDO LIVREMENTE ESSE NÚMERO NO ESPAÇO ABAIXO.

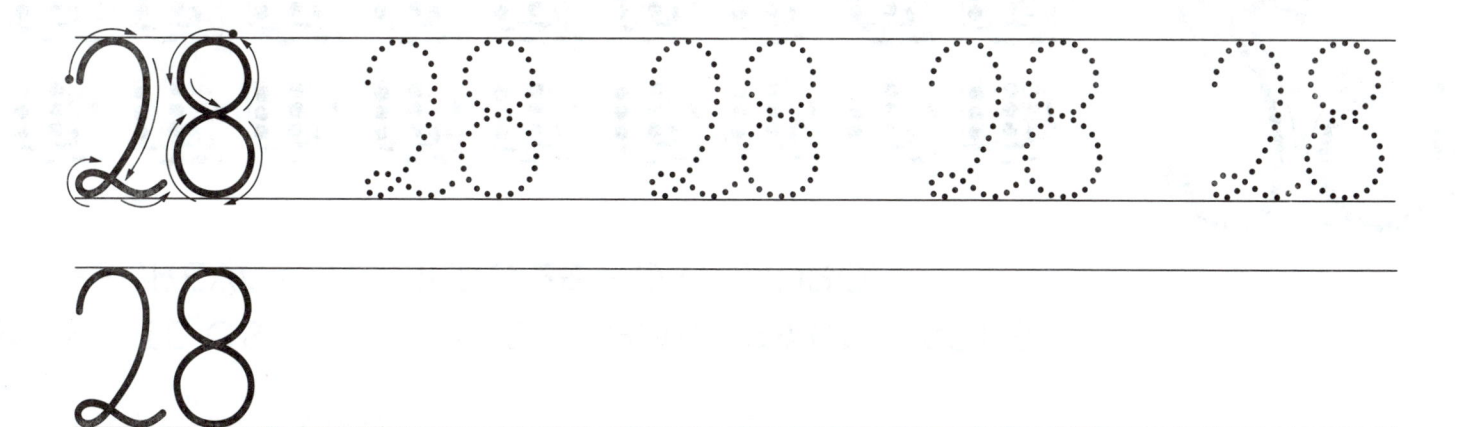

28   28   28   28   28

28

PINTE OS DADOS ATÉ FORMAR **29** UNIDADES.
ESCREVA O NÚMERO **29** NO QUADRO.

10 + 10 + 9 = ☐

CUBRA OS NÚMEROS **29** PONTILHADOS. DEPOIS, CONTINUE ESCREVENDO LIVREMENTE ESSE NÚMERO NO ESPAÇO ABAIXO.

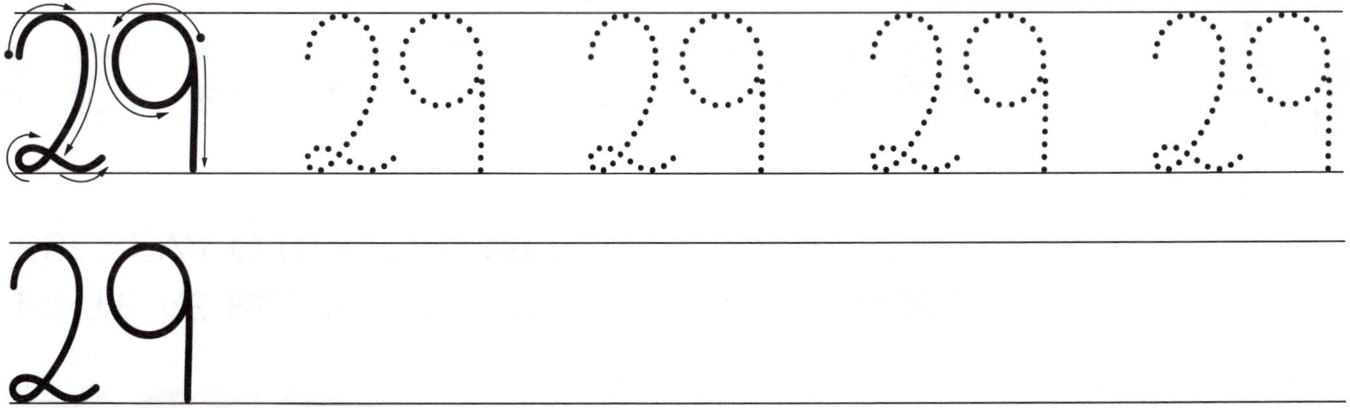

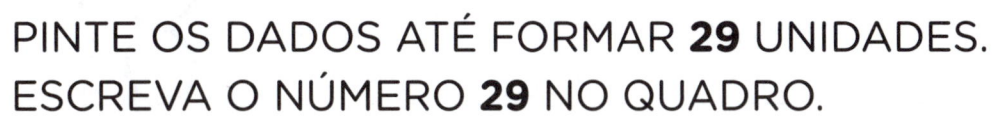

LIÇÃO 103

SE VOCÊ JUNTAR 10 LÁPIS COM MAIS **10** LÁPIS, COM MAIS **10** LÁPIS, TERÁ **30 UNIDADES**. ESCREVA O NÚMERO **30** NO QUADRO.

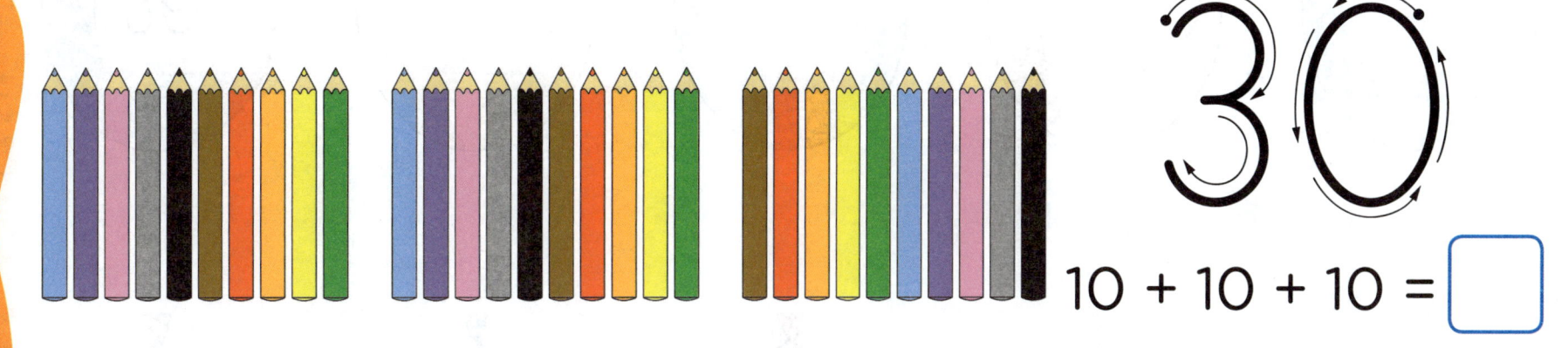

30

10 + 10 + 10 = ☐

CUBRA OS NÚMEROS **30** PONTILHADOS. DEPOIS, CONTINUE ESCREVENDO LIVREMENTE ESSE NÚMERO NO ESPAÇO ABAIXO.

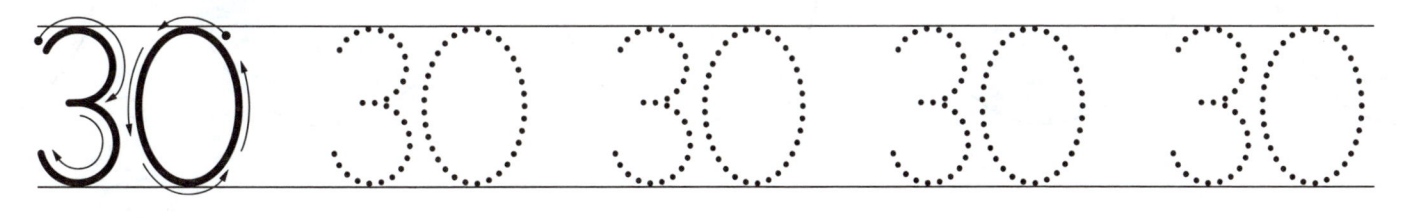

30 30 30 30 30 30

30

Lição 104

COMPLETE OS BALÕES COM OS NÚMEROS QUE ESTÃO FALTANDO.

Balões: __, __, __, __, 26

Balões: __, __, __, __, 21

ALMANAQUE

MEMÓRIA DE NÚMEROS

RECORTE AS PEÇAS DO JOGO DA MEMÓRIA E BRINQUE COM SEUS COLEGAS.

ALMANAQUE

1 2 3 4 5

6 7 8 9 10

Parte integrante da coleção **Eu gosto m@is** – Educação Infantil – Matemática – volume 2 – IBEP.

ALMANAQUE

Parte integrante da coleção **Eu gosto m@is** – Educação Infantil – Matemática – volume 2 – IBEP.

117

DOMINÓ DE FORMAS E CORES

RECORTE AS PEÇAS NA LINHA TRACEJADA E BRINQUE COM SEUS COLEGAS.

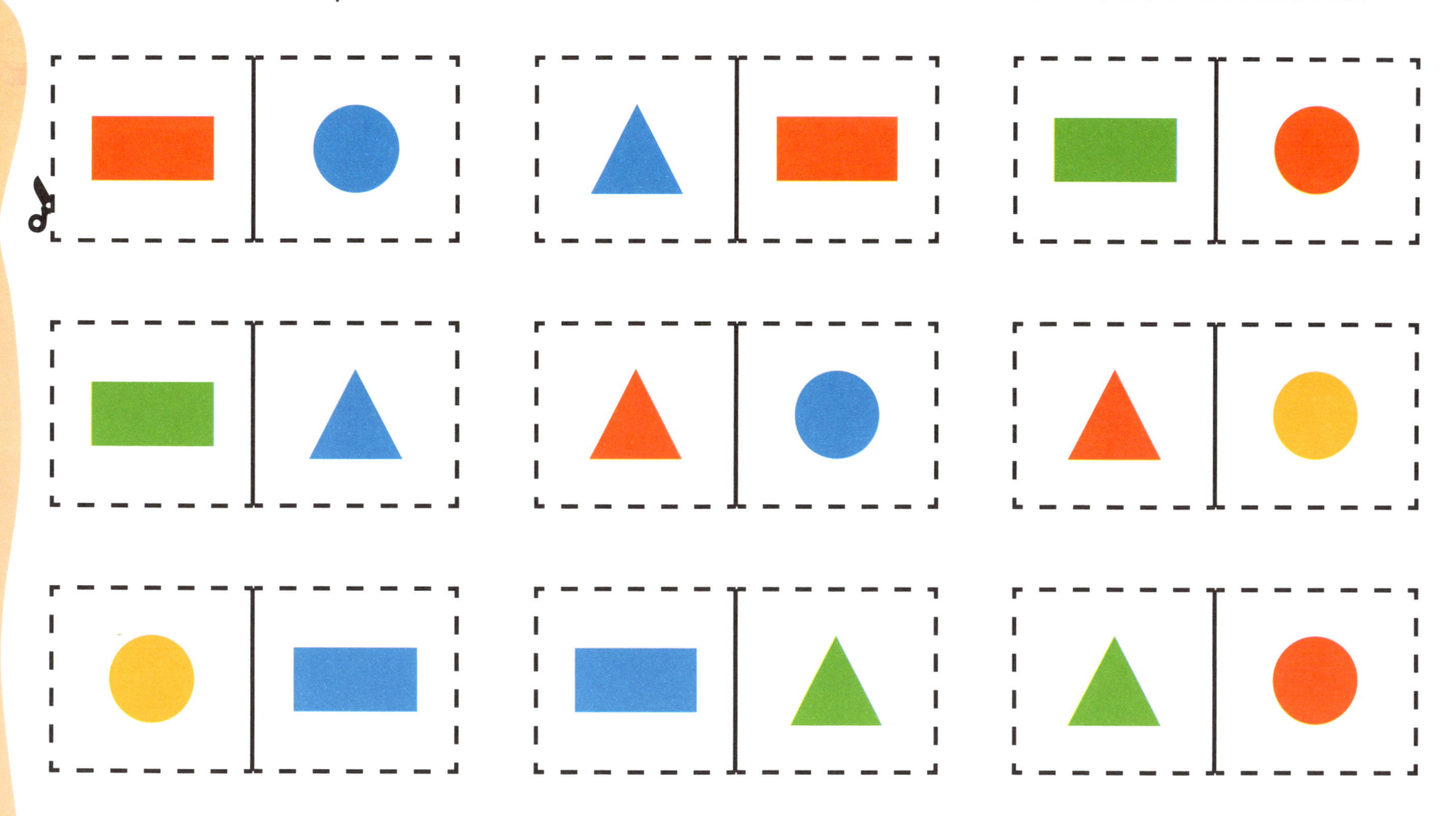

DOMINÓ DE FORMAS E CORES

DESAFIO

RECORTE AS FORMAS QUE ESTÃO NA PRÓXIMA PÁGINA E MONTE UM CAMINHÃO IGUAL A ESTE. DICA: VOCÊ PODE COLOCAR AS PEÇAS EM CIMA DA FIGURA PARA MONTÁ-LA.

Parte integrante da coleção **Eu gosto m@is** – Educação Infantil – Matemática – volume 2 – IBEP.

RECORTE AS FORMAS PELA LINHA TRACEJADA. DEPOIS, MONTE O CAMINHÃO.

DESAFIO

OBSERVE O PRIMEIRO CASTELO. DEPOIS, DESENHE O QUE ESTÁ FALTANDO NO SEGUNDO CASTELO PARA QUE ELES FIQUEM IGUAIS.

LIÇÃO 1

Parte integrante da coleção **Eu gosto m@is** – Educação Infantil – Matemática – volume 2 – IBEP.

LIÇÃO 8

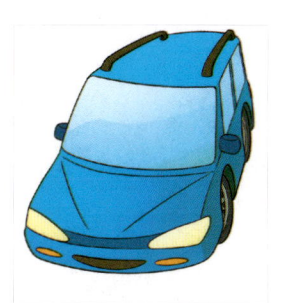

LIÇÃO 11

ADESIVOS

LIÇÃO 16   LIÇÃO 24

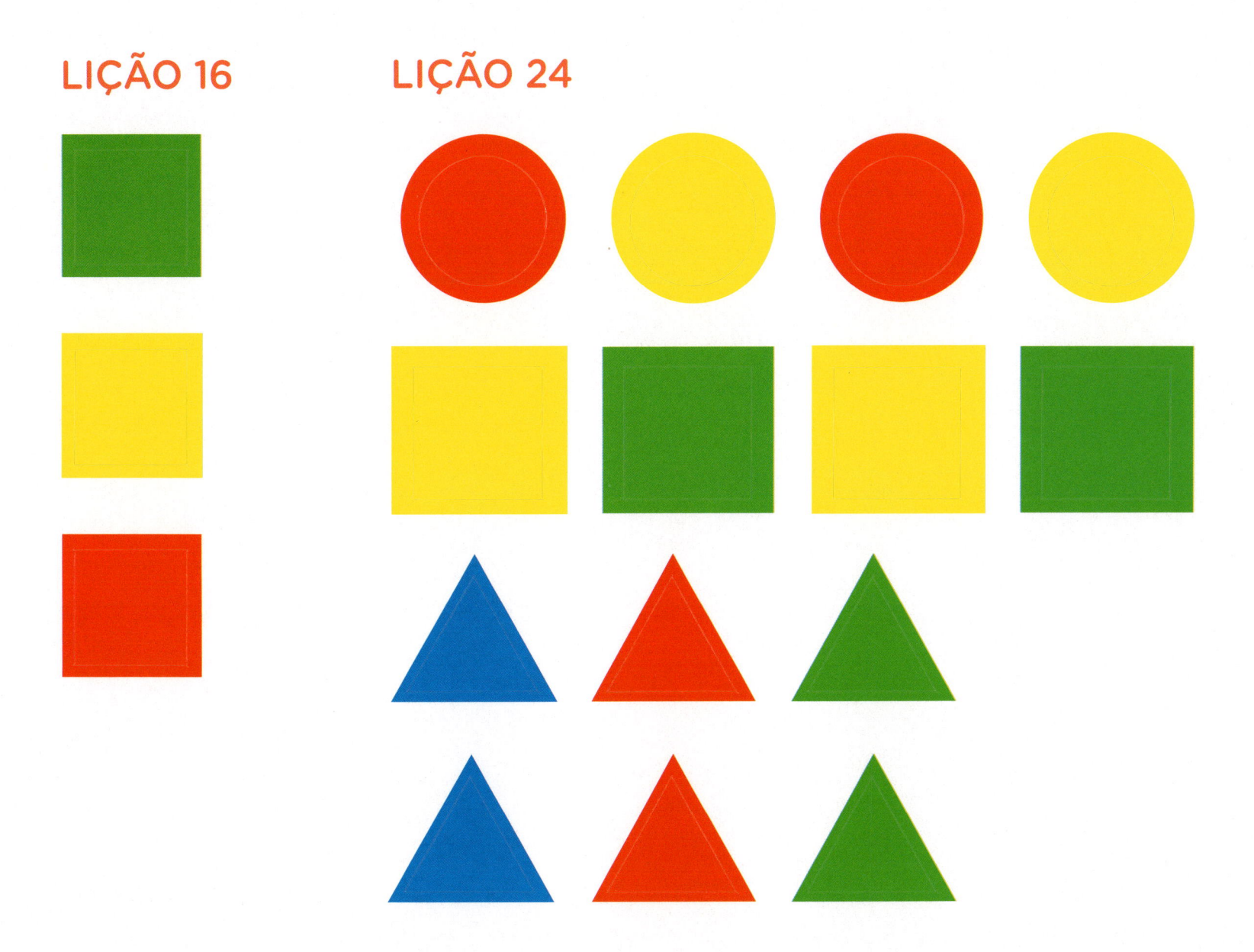

ADESIVOS

133

Parte integrante da coleção **Eu gosto m@is** – Educação Infantil – Matemática – volume 2 – IBEP.

LIÇÃO 35

LIÇÃO 43

LIÇÃO 46

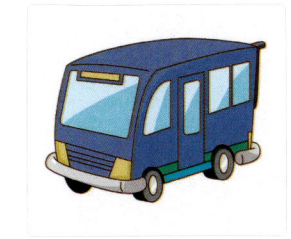

Parte integrante da coleção **Eu gosto m@is** – Educação Infantil – Matemática – volume 2 – IBEP.

LIÇÃO 56

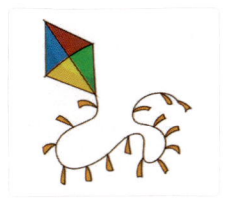

LIÇÃO 59

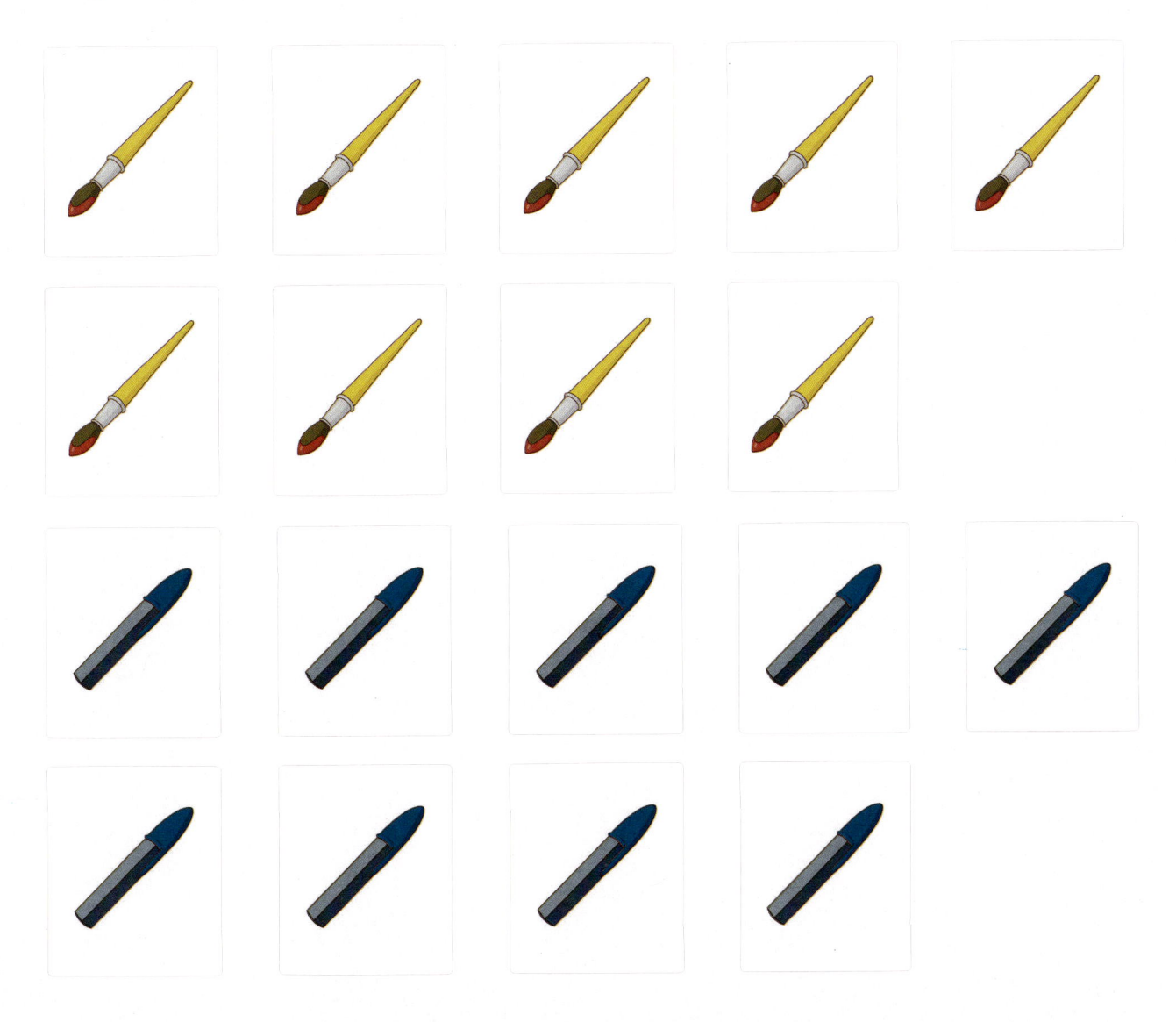

ADESIVOS

LIÇÃO 93

ADESIVOS

| 11 | 12 | 13 | 14 | 15 |
| 16 | 17 | 18 | 19 | 20 |